中学校 生徒の個性を認めて伸ばす

ポジティブ通知表所見文例集

木村 裕 編

学事出版

は じ め に

　現行の中学校学習指導要領（2017年告示）では、各教科等の目標及び内容が「知識及び技能」「思考力、判断力、表現力等」「学びに向かう力、人間性等」という「資質・能力の三つの柱」に沿って再整理されました。そして、これらに対応させる形で、観点別学習状況の評価は「知識・技能」「思考・判断・表現」「主体的に学習に取り組む態度」の３観点で行われることとされ、こうした変更点を踏まえた指導要録の作成が求められることとなりました。それに伴い、学校の通知表の様式や内容も見直しが行われ、その対応に悩まれたり試行錯誤を重ねたりしてこられた先生方も少なくないことと思います。本書は、そうした状況も踏まえて企画されたものです。

　PART 1 の「解説」では、現行の学習指導要領を踏まえた学習評価と所見について、基本的な事柄をまとめました。具体的には、「目標に準拠した評価」と通知表との関係、３観点の評価に関する考え方、所見の役割、所見を記入する際の要点や留意点などを示すとともに、近年さまざまな分野で注目を集めるようになってきた生成 AI を活用した所見の作成についても紹介しています。

　続く PART 2 では生徒の「行動面の特性」についての所見の文例を642、PART 3 では「学習面の特性」についての文例を680、PART 4 では「特別の教科　道徳」「総合的な学習の時間」「特別活動」についての文例を134、さらに PART 5 では特別なニーズのある生徒を想定した文例を60、計1516の文例を収録しました。文例の作成にあたっては中学校１～３年生の全学年を網羅するとともに、学習評価の３観点との対応も図りました。また、索引を収録することで、目的の文例を見付けやすくもしました。

　本書の作成にあたり、各執筆者による文例を一つ一つ読んでいると、執筆者の先生方の授業の様子、生徒との関わりの様子、生徒や授業、学校教育に対する思いを語ってくださっていた様子、校内研究などにおける授業改善に向けた真摯な取り組みの様子などが思い出されてきました。所見は、生徒一人一人の日々の姿を踏まえて教師が記入するものであり、そこに綴られた文章には生徒に対する教師のまなざしや願いが込められているはずです。そして、生徒や保護者もまた、所見を読むことを通して、記入者である教師の姿や、自分の、あるいは自分の子どもの学びの姿に思いを巡らせることと思います。生徒や保護者と教師との日々の関わり合いを基盤とすることによって、所見は書かれた内容の伝達にとどまらない豊かなメッセージのやりとりや教育的な役割を果たすものとなり得るのです。

　本書が読者の皆様にとって、生徒一人一人の具体的な学びの姿を捉え、表現したオリジナルの所見を作成するための参考資料になるとともに、通知表の作成に関わる諸活動をポジティブな営みとする可能性を拓くものとなれば幸いです。

2024年12月

木村　裕

本書の使い方

1 総合所見の作成方法

通知表の総合所見は、生徒の行動面の特性と学習面の特性の両方を入れると、バランスの取れた内容になります。そのために、本書は次のような流れでご使用ください。

STEP1 「行動面の特性」に関わる文例を選ぶ

PART2 の「1 ポジティブな行動特性」（P24〜87）または「2 ネガティブな行動特性」（P88〜107）の中から1文を選びます。

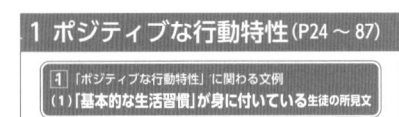

1 ポジティブな行動特性(P24〜87)

| 1 | 「ポジティブな行動特性」に関わる文例 |
| (1)「基本的な生活習慣」が身に付いている生徒の所見文 |

主な行動特性：提出物の期限を守る／元気にあいさつ／整理整頓ができる／早めに準備・時間を守る／物を大切にする／決まりを守る／几帳面／マナーを守る／正しい身だしなみ／丁寧な言葉遣い／礼儀正しい

授業と休み時間のけじめがつく、提出物の期限を守るなど、基本的な生活習慣が身に付いています。その土台に○○さん独自の個性が加わり、周囲から信頼を得ることができています。

学校生活の土台である生活習慣が身に付いており、中学校生活にスムーズに順応することができました。学習、部活動、行事など、全

2 ネガティブな行動特性(P88〜107)

| 2 | 「ネガティブな行動特性」に関わる文例 |
| (1)「基本的な生活習慣」が身に付いていない生徒の所見文 |

新しい生活にも慣れ、毎日を明るく過ごせています。提出物の期限が守れないことがたびたびあるので、ふせんをつけて目立つところに貼るなどの工夫をする伝えているところです。

緊張も徐々にほぐれてきました。必要なものを大切なときに見つけられないことがあったので、学用品を置く場所を固定するなど、整理整頓の面を身に付けられる方法を一緒に考えていきましょう。

STEP2 「学習面の特性」に関わる文例を選ぶ

PART3 の「学習面の特性」（P110〜199）から1文を選びます。

3 学習面の特性(P110〜199)

| 「学習面の特性」で使える文例 |
| 1 国語に関わる所見文 |

◆「知識・技能」に関わる文例

特性キーワード：情報整理の仕方を理解／音読のきまりを理解／漢字の成り立ちを理解／表現技能を理解／敬語の使い分けを意識／熟字訓を理解／語種の定義や混種語を理解

【1年】「複数の情報を関連づけて考えをまとめる」では、グラフの項目や数値を分類、比較、関係づけるなど情報の整理の仕方を理解し、課題について多様な考えに触れ、自分の考えを持てました。

【1年】教材「音声のしくみとはたらき」では、日本語の音節に関心を持ち、50音図とローマ字表記を見て母音と子音の仕組みを理解し、日本語の音節を正しく数えることができました。

【1年】教材「故事成語─矛盾」では、音読に必要なきまりや訓読の仕方を理解し、漢文の音読を通して古典特有のリズムを感じながら、中国の古典の世界に親しむことができました。

授業と休み時間のけじめがつく、提出物の期限を守るなど、基本的な生活習慣が身に付いています。その土台に○○さん独自の個性が加わり、周囲から信頼を得ることができています。

83文字

＋

教材「音声のしくみとはたらき」では、日本語の音節に関心を持ち、50音図とローマ字表記を見て母音と子音の仕組みを理解し、日本語の音節を正しく数えることができました。

80文字

＝

163文字

STEP3 所見文の完成

本書に収録された文例は全て71〜90字なので、2文を組み合わせることで142〜180字の総合所見が完成します。

2 「特別の教科 道徳」「総合的な学習の時間」「特別活動」の所見の作成方法

「特別の教科 道徳」「総合的な学習の時間」「特別活動」の所見は、PART4
（P202〜219）の文例から1文を選ぶだけです。

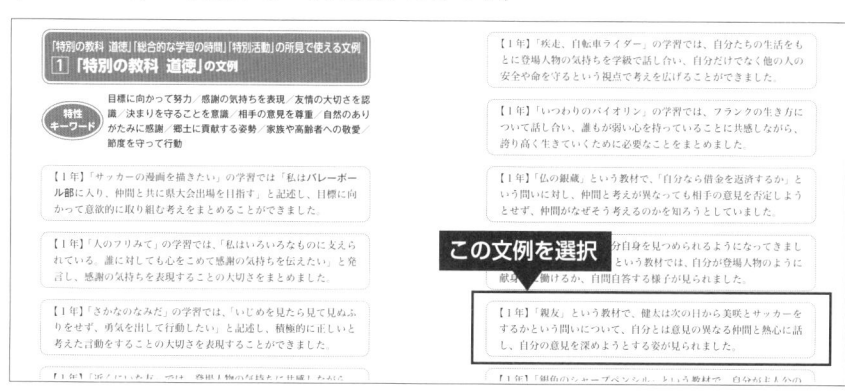

3 本書の特長

特長❶ 各カテゴリーの冒頭に**特性
キーワード**を掲載しているので、こ
れを手掛かりに文例を探せます。

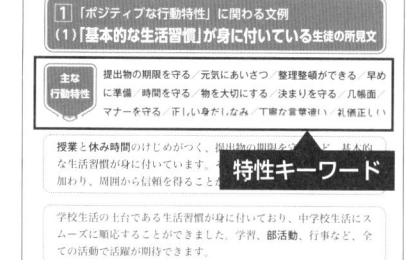

特長❸ 各学年の教材・単元名など
が文例に盛り込まれています。（教科
書が異なる場合等は、教材名を置き
換えてご使用ください。）

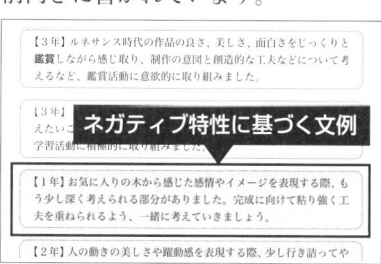

特長❷ 網掛けの文例は、ネガティ
ブな特性について書かれた文例です。
文章自体は、ポジティブな視点から
前向きに書かれています。

特長❹ 本書には**索引**（P231〜）が
付いています。生徒の活動内容（あ
いさつ、清掃活動など）、活動場面（朝
の会、休み時間など）、学習内容（方
程式、元素記号、ダンスなど）から
検索できるので、生徒について思い
出せる場面をもとに、文例を探すこ
とができます。

目 次

PART 1

解説　現行学習指導要領における　学習評価と所見

PART 2

通知表・指導要録の「行動面の特性」で使える文例

① 「ポジティブな行動特性」に関わる文例

② 「ネガティブな行動特性」に関わる文例

解説
現行学習指導要領
における
学習評価と所見

この PART では、現行の中学校学習指導要領（平成29年告示）における学習評価と所見について、基本的な事柄を解説していきます。

CONTENTS

新しい時代の評価と通知表所見

木村 裕 (花園大学教授)

1 学力保障の実現を目指す「目標に準拠した評価」と通知表

通知表とは「学校と家庭との非公式の連絡簿のひとつ」(田中 2008, p.174) です。「非公式」とされているように、通知表には法的な根拠があるわけではなく、記載する内容や形式、受け渡しのタイミングや頻度、さらには通知表を作成するかどうかの判断も、本来は各学校や各教師の裁量に委ねられています。ただし、指導要録の内容や形式に準ずる形で作成されたり、学期末に受け渡しが行われたりすることが多いのが実情です。以下では、こうした状況も念頭に置いて、学習評価や通知表の在り方を見ていきましょう。

周知のように、2001年の指導要録改訂において「目標に準拠した評価」が全面的に採用され、現在に至っています。「目標に準拠した評価」とは、教育目標を規準とし、その到達状況や実現状況で判断する評価の立場です。そこでは、各教科等の目標や単元目標、一つ一つの授業の目標などを明確に設定した上で、生徒の実態なども踏まえながら、目標達成のためのさまざまな工夫を位置付けた実践の計画を立てること、そして、適切な評価基準(評価規準に対する到達度を段階的に示したもの)や評価課題を設定し、適切なタイミングで教育目標への到達の度合いを把握することが求められます。

また、「目標に準拠した評価」を行うにあたっては、「診断的評価」「形成的評価」「総括的評価」という三つの評価の機能を働かせることによって、確かな学力保障の実現を目指すことが肝要です。そのため、指導計画の立案や実践に先立って行われる診断的評価や日々の実践の過程で行われる形成的評価を通して生徒一人一人の実態を丁寧に見とり、その後の教師の指導・支援や生徒の学習の改善につなげるとともに、そうした取り組みを経た生徒の最終的な学習の成果と課題を総括的評価として捉えることになります。

通知表の観点別学習状況及び評定は主に総括的評価の結果に基づいて記載さ

れることになりますが、所見については必ずしもそれに限るものではありません。実践の過程で見られた生徒の姿を、形成的評価の結果に基づいて記載することもあり得ます。これらを通して、日々の評価活動を踏まえて一人一人の生徒の学習の成果や取り組むべき課題を表現し、生徒のその後の確かな成長へとつなげていくことが、通知表に求められると言えます。

2 現行学習指導要領に基づく学習評価と通知表記入の方向性

現行の学習指導要領（2017年告示）では、各教科等の目標及び内容が「知識及び技能」「思考力、判断力、表現力等」「学びに向かう力、人間性等」という「資質・能力の三つの柱」に沿って再整理されました。そして、これらに対応させる形で、観点別学習状況の評価は「知識・技能」「思考・判断・表現」「主体的に学習に取り組む態度」の３観点で行われることとされました。これら３観点の評価に関しては、次のように説明されています（中央教育審議会「児童生徒の学習評価の在り方について（報告）」（2019年１月21日））。

「知識・技能」の評価

各教科等における学習の過程を通した知識及び技能の習得状況について評価を行うとともに、それらを既有の知識及び技能と関連付けたり活用したりする中で、他の学習や生活の場面でも活用できる程度に概念等を理解したり、技能を習得したりしているかについて評価するもの。(p.7)

「思考・判断・表現」の評価

各教科等の知識及び技能を活用して課題を解決する等のために必要な思考力、判断力、表現力等を身に付けているかどうかを評価するもの。(p.8)

「主体的に学習に取り組む態度」の評価

「主体的に学習に取り組む態度」に係る各教科等の評価の観点の趣旨に照らし、

①　知識及び技能を獲得したり、思考力、判断力、表現力等を身に付けたりすることに向けた粘り強い取組を行おうとする側面と、

②　①の粘り強い取組を行う中で、自らの学習を調整しようとする側面、という二つの側面を評価することが求められる。(p.11)

観点別学習状況の評価はこれら3観点について行われる形になりますが、各観点の学習状況や観点別学習状況の評価を総括的に捉える「評定」を「A」「B」「C」や「3」「2」「1」などで示すのみでは、生徒の具体的な姿を十分に示すことは困難です。例えば、「B」や「2」などの表記で、その生徒の達成できていることや取り組むべき課題を示せるでしょうか。所見は、生徒の具体的な姿を記述することで、この点を補完する役割を有していると言えます。そのため、特に学習面の所見については、これら3観点を踏まえて設定された教科の教育目標を念頭に置いて記述することになります。

この方向性は、数値による評価や観点別評価ではなく文章で記述することとされる「特別の教科 道徳」「総合的な学習の時間」や、行動面の所見にも当てはまります。すなわち、いずれの場合においても、教育目標を設定した上で、それへの到達度を把握しながら、生徒の成長の様子や課題などについて記述することが大切です。

3 評価の妥当性や信頼性の向上に基づく通知表の作成

先述の中央教育審議会「児童生徒の学習評価の在り方について（報告）」（2019年1月21日）では、3観点に基づく評価の方法についても言及されています。具体的には、「知識・技能」については、ペーパーテストを工夫改善することや、文章による説明、観察・実験、式やグラフによる表現などの多様な方法を適切に取り入れていくことが（p.8）、「思考・判断・表現」については、ペーパーテスト、論述やレポートの作成、発表、グループでの話し合い、作品の制作や表現等の多様な活動を取り入れたり、それらを集めたポートフォリオを活用したりすることなどが（pp.8-9）、示されています。ここからは、多様な評価方法を教育目標に照らして適切に選択し、活用することの必要性を見て取ることができます。

また、「主体的に学習に取り組む態度」の評価についても同様に、「ノートやレポート等における記述、授業中の発言、教師による行動観察や、児童生徒による自己評価や相互評価等の状況を教師が評価を行う際に考慮する材料の一つとして用いることなどが考えられる」（p.13）とされていますが、評価に際しては特に「「知識・技能」や「思考・判断・表現」の観点の状況を踏まえた上で、

評価を行う必要がある」（p.13）という点に注意が必要です。つまり、「挙手を何回したか」「提出物を忘れず出せているか」「授業中にしっかりとノートをとっているか」などの態度を評価するのではなく、「知識及び技能」や「思考力、判断力、表現力等」を身に付けるために、自身の学習を振り返ったり試行錯誤を通して自身の学習を調整したりしながらその後の学習に粘り強く取り組んでいるのかといった側面を評価することが求められているのです。

このように、評価を行う際には、設定した教育目標との関連において適切な評価課題や評価方法などを検討することが不可欠です。さらに、他の教師と評価基準についての共通理解を図り、それに沿った評価を行うことも重要です。こうした取り組みを通して評価の妥当性や信頼性を向上させ、それに基づいて通知表を作成することが求められます。

4 所見文例の役割と活用方法

本書に収められた所見文例は、以上のような点をどのように踏まえればよいのか、また、各教科等の内容に即すとどのような記述があり得るのかについてのイメージを持っていただくための素材としての役割を担うものです。そのため、実際に所見を記入する際の視点や表現、具体的な文言などについて検討するための参考資料として活用いただければと考えています。

ただし、「解説2」で後述するように、実際に所見を記入する際には、生徒一人 人の具体的な学びの姿を捉え、表現することが欠かせません。日々、生徒と関わっておられる学校教育の専門家だからこそ捉えられる目の前の生徒の成長の様子を踏まえて、オリジナルの所見を記述することを目指してください。

【参考・引用文献】

- 国立教育政策研究所のウェブサイト内にある「指導資料・事例集」のページ：https://www.nier.go.jp/kaihatsu/shidousiryou.html（2024年10月22日閲覧）
- 田中耕治『教育評価』岩波書店、2008年
- 中央教育審議会「児童生徒の学習評価の在り方について（報告）」（2019年1月21日）
- 文部科学省「小学校、中学校、高等学校及び特別支援学校等における児童生徒の学習評価及び指導要録の改善等について（通知）」（2019年3月29日）

解説 2　所見を書く上で気を付けたいポイント

木村　裕（花園大学教授）

1　保護者や生徒とのコミュニケーションツールとしての通知表

「解説1」でも述べたように、通知表とは「学校と家庭との非公式の連絡簿のひとつ」（田中 2008, p.174）です。したがって、通知表は、教師と保護者や生徒とのコミュニケーションツールとしての役割を担っています。

さらに、学校と家庭が協働して生徒の成長を支え、促すという前提に立てば、両者の協働に資する内容を選んだり表現を用いたりするよう意識する必要があります。そのためには、例えば生徒や保護者に取り組みを委ねているようにも読み取られ得る「〜に取り組んでみてください」といった記述を「一緒に〜に取り組んでいきましょう」などに変えたり、今後に向けた教師の決意のみを伝えているようにも解釈され得る「〜ができるように支援していきます」という表現を「〜ができるように、一緒に取り組み方を考えていきましょう」などに変えたりしてみることも、一つの方法となるでしょう。

また、教師と保護者や生徒とのコミュニケーションツールやコミュニケーションの機会は、学級通信や連絡帳、個人面談や三者面談など、通知表以外にもあります。学級通信や連絡帳との役割分担や併用の方法、面談における通知表の活用なども検討することで、通知表の役割や位置づけが、より確かなものになると考えられます。

2　生徒の姿を浮かび上がらせるエピソード

授業中の発言やグループワークでの様子、宿題や掃除などへの取り組み方、体育祭における役割の担い方、部活動での先輩や後輩との接し方など、一人一人の生徒の姿を見とる場面は数えきれないほどあると思います。所見の記入にあたっては、そうしたさまざまな場面で見られた生徒の姿に基づき、各観点の学習状況や評定とも関連付けたり整合性を保ったりしながら、生徒の具体的な

姿をイメージできるような記述にすることが重要です。

　もちろん、あらゆる場面で生徒の姿を把握し、記録しておかなければならないということではありません。教師が生徒と日々接する中で特に印象に残ったことや気になったことなどを、後で改めて思い出せるように記録しておくという形で考えてみましょう。学校教育の専門家であり、生徒と日々接しておられる教師の「アンテナ」に引っかかる生徒の姿は、それだけできっと、書ききれないほどの重要な要素を含んでいるはずです。

　そうした日々の記録に基づいて、生徒の姿を浮かび上がらせるエピソードを交えながら所見を書くことは、自分の、あるいは自分の子どもの努力や良さを教師が見てくれているという、生徒や保護者の安心感や信頼感を高めることにもつながることが期待されます。また、教師が捉えた生徒の具体的な姿を生徒自身や保護者と共有することは、その後のさらなる成長に向けた取り組みに関するビジョンや方向性を共有したり、共に考えたりするためのきっかけになる可能性も有するでしょう。

3　前向きになれる表現の選択

　通知表は、一人一人の生徒の学習の成果や課題を踏まえて作成するものですが、言うまでもなく、生徒の学習は通知表を手にした後も続きます。したがって通知表には、生徒が自身の学習を振り返り、その成長の様子を確認する助けになるものであると同時に、その後の学習に対する見通しを持ったり意欲を高めたりすることを助けるものであることが求められます。そして、そうした通知表を作成するためには、所見を記入する際の表現の選択も大切です。

　例えば、「○○が苦手な様子です」という表現を「○○に苦手意識を持っている様子も見られますが、徐々に○○ができるようになってきました」という表現に変えてみると、読み手の受け取り方はどのように変わるでしょうか。あるいは、「○○に課題が見られます」という表現を「○○を意識してみると、さらに○○さんの良さが発揮されることと思います」と変えてみるとどうでしょうか。所見には決まった書き方があるわけではありませんが、生徒の成長や努力、良さなどが表れている側面を、前向きになれる表現を用いながら積極的に記述に加えることで、その通知表をもらう生徒や保護者の立場に立ってみたときに、

「読み返したい」「自分の良さや強みに対して自信を持てる」「明日からまた頑張ろう」と思えるような所見、生徒への「応援のメッセージ」となるような所見にするということが、ポイントの一つになると言えます。

4 すべての生徒一人一人と向き合う

　以上のような点に留意して所見を記述するためには、生徒といかに関わり、いかに観察できるかが非常に重要になってきます。そのため、生徒一人一人の姿を捉えることの必要性を、普段から意識しておくことが肝要です。しかしながら、ともすれば授業中に発言などが多い生徒や質問に来る頻度が高い生徒、自身が担当する委員会や部活動などで接する機会の多い生徒などに目が向きがちになり、逆に目につきやすい発言や行動などの少ない生徒や接点の少ない生徒の様子の記録が不十分なものになってしまうかもしれません。

　こうした状況に陥らないようにするために、例えば生徒全員の氏名を記載した座席表やノートを作成し、授業内外で見られた印象的な行動や発言などを記入するとともに、適宜それらを見返すことで記入事項の少ない生徒を意識化し、その後の関わりや見とりに活かすことも一つの方法となるでしょう。また、生徒一人一人の印象的な学習の成果物（PDF 化したり写真に収めたりしたワークシートや作品、発表の様子を収めた映像など）や気付いたことのメモなどを電子データとして蓄積することもできるかもしれません。毎回の授業で、必ず全員分をということではなく、後に通知表を作成したり面談などで生徒や保護者と話したりする際の参考となる情報や資料を蓄積するというイメージです。

　ところで、一人一人の生徒はさまざまな場面でさまざまな姿を見せてくれることと思います。また、何かの出来事や行事などがきっかけで短期間に大きな変化を見せることもあれば、長期的なスパンの中で徐々に変化していくこともあります。そうした多様な姿や変化を捉えるためには、他の教職員と生徒について情報交換を行うことも大きな助けとなるでしょう。そして、そうした情報交換の機会は、職員会議などの「フォーマルな」場だけではなく、休み時間や会議への移動中、通勤中の会話などの中にもあることでしょう。何気ない会話などを通して得られた情報が、それまでとは少し違った視点で生徒と向き合う重要なきっかけを与えてくれるかもしれません。教職員の協働を通して生徒と

向き合うことも、日々の実践や通知表の記述の充実などにつながる重要なポイントとなり得るのです。

5 通知表の可能性

限られた文字数、限られたスペースの所見欄に、さまざまなことを詳しく記入することは困難です。だからこそ、通知表の役割やそれを作成する目的、すなわち、「何のために」「誰に向けて」作成するのかを改めて検討してみましょう。それにより、所見の書き方にも工夫の余地が生まれると思います。

また、すべての教職員がすべての生徒に目を向けること、生徒のポジティブな姿や成長を見つけるよう意識すること、お互いの気付きを共有することなどは、学習指導要領の前文にも示されている「一人一人の生徒が、自分のよさや可能性を認識するとともに、あらゆる他者を価値のある存在として尊重」（文部科学省 2018, p.17）することや、SDGs（持続可能な開発目標）の理念にもなっている「誰一人取り残さない」ことに資するポジティブな学校文化の醸成にもつながることが期待できます。生徒の姿を見とることが評価実践や通知表作成の際の基本ですが、「どのような観点から」「誰が」「誰を」「何のために」評価するのか、また、その結果をどのような記述で伝えるのかといったことの一つ一つに、教師や学校の教育観や生徒観、願いなどが表れるのです。

もちろん、通知表の作成のために教師の負担をむやみに増やし、生徒や授業づくりと向き合う時間を削ってしまっては本末転倒です。そうした点に留意しつつも、所見が教師から生徒への「応援のメッセージ」となる可能性、そして、通知表の作成に関わる諸活動が、生徒、保護者、教師、学校それぞれにとってのポジティブな営みとなる可能性を踏まえ、本書を通して読者の皆様と共にそうした可能性の実現に取り組んでいけたらと考えています。

【参考・引用文献】

・田中耕治『教育評価』岩波書店、2008年
・西岡加名恵・石井英真・田中耕治編『新しい教育評価入門——人を育てる評価のために［増補版］』有斐閣、2022年
・文部科学省『中学校学習指導要領（平成29年告示）』東山書房、2018年

生成 AI を活用した所見文の作成方法

内田 亮太（東京都世田谷区立砧南中学校教諭）

　担任の先生方が学期末や年度末に頭を悩ませるのが、いわゆる所見の作成だと思います。所見は子どもたちに向けて、それぞれの学校生活において頑張ったところや成長した点、努力が必要な部分などを励ましたりする形で記載されています。そして、先生たちにとって所見の作成の大変な点は、一人一人に向けて決まった文字数で、文章を読んだ子どもたちや保護者が納得し、次も頑張ろうと思える内容で表現をすることです。

　所見の作成は担任の先生の仕事の中でも、時間と労力がかかる大仕事です。私も40人弱のクラスの生徒に対して、最低で6時間以上、長い場合は丸1〜2日の時間をかけて文章を作ったりします。直前で焦らないように、日頃から子どもたちの様子を見て気付いたことをメモしておけばよいのですが、日常の忙しさから気が付けば所見の締め切り日が今週末！なんてことを、これまでずっと繰り返してきました。また、恥ずかしながら所見の文章がなかなか思い浮かばない場合があることも事実だったりします。

　そんな大変な所見の作成において、昨今話題の（「ChatGPT」をはじめとする）生成 AI が、先生方の手助けをしてくれるツールとして、とても役に立ちます。個人情報の取り扱いや AI の特性にさえ注意すれば、所見作成の優秀な相談相手となってくれるでしょう。

　ここでは「ChatGPT」の活用を基本とした所見の「たたき台」を作成する方法を解説していきます。（※ここでの文章表現は2024年10月現在の「ChatGPT」を無料アカウントを使用して作成した場合を前提としています。）

　はじめに生成 AI を活用する上での三つの注意点です。

①個人情報を入力しない

　生成 AI（※ここでは言語モデル）の仕組みを簡単に説明すると、人間が与えた命令（プロンプト）に対して、インターネット上の情報を参考にしつつ、次

に来る確率の高い単語を順番に並べて文章を生成する能力があります。そのため、生成 AI のサービスによっては、入力された情報自体を AI の学習自体に利用するものもあります。子どもたちの個人情報の流出やそれに準ずる事故を防ぐためにも、生徒の名前や個人を特定する情報は入力しないでください。

②「ハルシネーション」に注意

生成 AI は時折「ハルシネーション」と呼ばれる、事実とは異なる情報を生成する事象が起こります。これは現在の生成 AI の特性上、どうしても起きてしまうものです。生成された文章は必ずご自身で確認をしていただき、誤りがないかチェックをしていきましょう。

③最終的な内容のチェックは必ず教員の目で

繰り返しになりますが、今回生成する文章はあくまで所見を作る上でのたたき台です。最終的に、子どもたち一人一人に向けて適切な所見であるかを先生方自身がしっかりと確認し、必要に応じて修正を行うことが必要です。

生成 AI が書いた文章をそのままコピーし、所見の欄に貼り付けるようでは、担任の先生にしか書けない文章にはなりません。必ず所見は「日頃子どもたちの様子を見ている先生だからこそ書ける内容」にしていきましょう。

以上の前提を踏まえた上で所見の作成の手順を解説していきます。最初は「ChatGPT」への登録です。

OpenAI の公式ウェブサイト（https://openai.com/）にアクセスし、「ChatGPT」のサービスに登録をします。学校のアカウント（※学校で使用が許可されている場合のみ）や個人用アカウントでログインして、使用を開始しましょう。

ログインしたら、一番下のチャットの入力欄に試しに、「中学校 3 年生の所見を200文字で 3 パターン書いてください」と入力してみます。すると、以下のような内容が返答されます。（※同じ文章を入力しても生成 AI の仕組み上、異なった内容が返答されます。以下の内容は2024年 9 月のものです）

これだけでも、所見の作成においてはかなり参考になる文章ではないでしょうか。もっと文例パターンがほしい場合は「あと10パターン追加して」と入力すると、さらに10の例文が出力されます。ここから必要な単語や表現を引用するだけでも、所見の作成はかなり助けられます。

中学校3年生の所見を200文字で3パターン書いてください。

1. **学習面における努力と成果が見られる所見**

   彼は日々の授業に積極的に取り組み、課題提出やテスト勉強に真面目に取り組んできました。苦手な教科にも前向きに挑戦し、努力を続けた結果、確実に成績が向上しています。クラス内でも、友人との協力や意見交換を大切にし、周囲の学習意欲を高める姿勢が印象的です。

2. **社会性やリーダーシップに関する所見**

   彼女は常に明るく、クラスメートと積極的に交流を図り、誰とでも分け隔てなく接することができる生徒です。委員会活動や学級行事では、リーダーシップを発揮し、皆をまとめる存在でした。困っている友達には自然と手を差し伸べ、クラスの雰囲気を良くする役割を果たしています。

3. **部活動や課外活動に対する姿勢が印象的な所見**

   彼は部活動において、毎日欠かさず練習に励み、技術向上に努めてきました。練習だけでなく、後輩への指導も積極的に行い、チーム全体の成長にも貢献しています。大会では自身のベストを尽くし、責任感を持ってチームを支えました。

　上記の例だけでも文章としては一定水準に達してはいますが、子どもたち一人一人に適した文章にする場合には、やはり個別のエピソードや事実の具体性が欠けています。ここからは所見の内容をより具体的にする方法をいくつか紹介していきます。

１．生成AIに具体的な指示を与える

　生成AIは命令された内容にしたがって文章を生成するため、できるだけ具体的な指示を与えると良い結果が得られる傾向にあります。例えば「国語の朗読の発表を褒める所見を作成してください」といった形で具体的なリクエストを出すと、それに応じた返答が返ってきます。

２．生徒の特徴を簡潔に与える

　生成AIに伝える情報はできるだけ簡潔にし、「努力家で積極的にクラスの活動に参加している生徒」や「数学が得意で、他の教科にも興味を持ち始めた生徒」のように、特徴を短く伝えます。これにより、的確な所見が生成されやすくなります。（※使用する生成AIの種類によって命令の与え方は異なります。）

３．評価のポイントを具体的に設定する

　所見には、学習面や生活面などのさまざまな評価ポイントが含まれます。学校によっては定型表現が決まっているところもあると思います（「学習面では〜」「生活面では〜」など）。それらを踏まえて評価したいポイントを具体的に

指示していきましょう。例えば「国語の授業に取り組む姿勢に焦点を当てた所見をお願いします」などです。

４．肯定的な表現を優先する

　所見にはそれらを読んだ子どもたちや保護者が励まされるような肯定的な表現を多く用いることが望ましいです。生成 AI に「生徒の長所や成長している点に焦点を当てたコメントを作成してください」などと依頼することで、ポジティブな内容を中心にした所見を作成することができます。

５．その他の条件を加える。

　「○○文字以内で」「学習面と生活面の文章を同じぐらいの比率で」など、ニーズに応じて追加する条件を指示していきましょう。うまく文章が生成できなければ、返答された内容を自身で修正し、さらに追加で命令を与える方法もあります。

　次に、生成された所見に対してチェックをする項目です。

①内容の確認

　生成された所見のどの点が適切であり、どの部分を修正する必要があるかをチェックしていきます。日本語の「てにをは」は適切か、内容に誤りがないか、誇張されていないか、適切な表現が使われているかなどを見ていきます。

②生徒の実際の状況に合わせて調整

　次に、生徒一人一人の実際の学校生活の様子に合わせて、生成された文章を調整していきます。生成された内容はあくまで「たたき台」として利用し、自身で加筆や修正を加えることで、個性のある所見に仕上がります。

③最終チェックと編集

　最終的には、手直しした文章全体をチェックし、その子に合った適切な所見になっているか、誤りがないかを確認していきます。生成 AI で作った文章はよく読んでみると、語尾が不自然だったりすることもあります。手直しした文章を声に出して読んでみて、違和感がないかを確認してみるのもよいでしょう。AI が生成した文章に血を通わせ、読んだ子どもたちの喜ぶ顔をイメージできる文章に仕上げていくことが大切です。

　さらに学校全体での働き方改革を進める上で、今回紹介した内容を職員室の先生方にも伝えることで、組織全体の仕事の効率が上がると思います。自治体

によって契約しているアカウントが異なりますので、使用できる生成 AI（Microsoft のアカウントだったら Copilot、Google アカウントであれば Gemini など）の種類も変わります。共有ドライブや OneDrive もしくは校務用パソコンのフォルダ内などに、一定のルールの下で全校生徒の所見が集まれば、文章がなかなか進まない子どもに対しても、作成のヒントになる情報が見つかる可能性が高まります。また、他の教員と共有することで、所見作成の参考にしたり、より良いアイデアを得たりすることができます。特に、若手教員と共有することは、学校全体の負担を軽減する一つの方法です。

最後に

　生成 AI は、所見作成の時間短縮と効率化を大いに助けるツールですが、使用する際には個人情報の取り扱いや生成された文章の内容に細心の注意を払う必要があります。適切に活用すれば、充実した所見を効率良く作成することが可能です。生成 AI を使って所見作成を行う際は、常に人間の視点でチェックし、教員自身が責任を持って最終的な調整を行うことが重要です。

　仕事を効率化することで捻出された時間を、一人一人の子どもたちと触れ合う時間にあてることで、教員本来の役割を全うすることができます。ぜひ、生成 AI を所見の作成だけではなく、他の業務でも活用し、子どもたちの人間的な成長に寄与するための時間を増やしていきましょう。

　今後、生成 AI は間違いなく、私たちの生活の中で活用が進んでいく技術です。児童生徒の保護者の働いている職場で、業務に欠かせないものになっている場合もあります。今後はスマートフォンやタブレット端末にも当たり前に機能が搭載されていくことでしょう。最新の技術を自分たちのより良い生活のために率先して利活用していく姿勢を、私たち教員が子どもたちに見せることも私たちの大切な役割の一つです。

通知表・指導要録の「行動面の特性」で使える文例

この PART では、通知表や指導要録の「総合所見」のうち「行動面の特性」で使える文例を紹介します。

CONTENTS

1 「ポジティブな行動特性」に関わる文例
(1)「基本的な生活習慣」が身に付いている生徒の所見文

提出物の期限を守る／元気にあいさつ／整理整頓ができる／早めに準備／時間を守る／物を大切にする／決まりを守る／几帳面／マナーを守る／正しい身だしなみ／丁寧な言葉遣い／礼儀正しい

授業と**休み時間**のけじめがつく、提出物の期限を守るなど、基本的な生活習慣が身に付いています。その土台に〇〇さん独自の個性が加わり、周囲から信頼を得ることができています。

学校生活の土台である生活習慣が身に付いており、中学校生活にスムーズに順応することができました。学習、**部活動**、行事など、全ての活動で活躍が期待できます。

毎日友達に元気な**あいさつ**をし、**授業**の返事なども元気にしています。また、**登下校**の時に教師だけでなく、地域の人にもすすんでさわやかなあいさつをしていると聞きました。

自分の机の中や教師のロッカーなどの**整理整頓**がしっかりとできています。さらに、教室にある学級文庫や余ったプリントなどをすすんで整える姿も見られました。

体育や**美術**などで教室を移動する際に、早めに準備をして動くように意識できています。また、**授業**の開始までには自分の席に座り、友達にも「時間を守ろう」と声をかけていました。

授業が終わると次の授業の準備をしてから休憩をするなど、ゆとりをもって学校生活を送ることができました。教室移動も速やかに行い、授業に遅れることなく学習活動に参加しました。

連絡係として、次回の授業の持ち物を連絡黒板に書き、仲間に伝えることができました。また、班の仲間が休んでいる際には、代わりに役割を果たすなど、献身的に働く姿勢が見られました。

ロッカーに教科書を入れる際、立てて収納したり、給食エプロンを丁寧にたたんでから袋に入れたりする姿が見られました。そうした姿から、物を大切にできる人だということがわかります。

学校の決まりや服装を守って、落ち着いた学校生活を送っています。いつも朝早くから元気に登校し、多くの友人と和やかに過ごしているので、学級を明るい雰囲気にしています。

おおらかな性格であり、明るくさわやかであいさつもきちんと行えています。いつも変わらない態度でどんな友人とも関わるため、級友からの信頼も極めて厚いものがあります。

温厚で誠実な人柄であり、几帳面で清潔な印象を周囲に与えています。また、物事に対する判断もしっかりしているため、生活態度も極めて良好です。

毎朝、誰よりも大きな声であいさつができています。廊下ですれ違ったり、学校外の方が訪問されたりしたときには、明るくさわやかな笑顔であいさつをして、多くの方に褒められていました。

何事にも労を惜しむことなく一生懸命取り組み、きちんとした生活態度が身に付いています。特に清掃では、時間に遅れることなく活動場所に行き、校内の美化に努めました。

常に落ち着いて行動できています。清掃ボランティア活動では毎回全校生徒に指示を出し、自らも積極的に校内の美化に努めました。日々地道な努力を重ね、高い学力を維持しています。

校則を厳格に守り、常に規律ある行動をしていました。生徒手帳に記載された決まりや集団生活のマナーを正しく理解し、日々の生活にしっかりと取り入れようと努めていました。

生活態度においては、常に秩序ある行動が見られました。**あいさつ**や時間を守ること、そして**整理整頓**など、基本的な生活習慣が身に付いている○○さんの姿勢はとても立派です。

生活面では、礼儀や身だしなみに対する意識が高く、丁寧な**言葉遣い**で感謝の気持ちを表現することができていました。これらの姿勢は、人と良好な関係を築く上で非常に重要です。

天候や季節にかかわらず、毎朝決まった時間に**登校**しています。また、チャイムと同時に授業や活動が始められるようにするなど、常に時間を意識して行動できています。

かばんの中やロッカーの中など、身の回りの**整理整頓**がきちんとできています。また、**授業**が始まる際には机上が整えられており、落ち着いて授業に臨むことができています。

誰に対しても、すれ違うときには元気に**あいさつ**をしています。また、朝の時間に限らず**授業**や**給食**の前後にもきちんとあいさつをしており、良い印象を周囲に与えながら学校生活を送っています。

職員室に出入りする際は、丁寧な**あいさつ**や振る舞いをすることができています。○○さんのそのような行動が級友の模範となり、クラスに良い影響を与えています。

次に行う行動を意識して生活することができます。**授業終了**のあいさつを終えると、すぐに次の時間の用意をしています。そのため、次の学習をスムーズに進めることができています。

中学生になって教室移動が増え、**休み時間**の使い方に入学当初は苦戦する様子があったものの、自分なりの時間の使い方を見つけ、今では友達の手本となる行動が見られます。

毎日規則正しい生活を送り、**授業**の準備物や課題の提出を忘れることがなく、時間管理や自己管理がしっかりとできています。級友とも良好な関係を築いており、充実した学校生活を送れました。

基本的な生活習慣がしっかりと身に付いており、毎日自分を管理できています。**授業**への参加も積極的で、友達と協力をし、級友に良い影響を与えており、今後の成長が楽しみです。

基本的な生活習慣が身に付いており、日々の学習や学校生活にも規律正しい態度が見られます。時間管理や各教科の課題への取り組みもすぐれており、学級の模範となる存在です。

中だるみが出やすい時期でも、時間のけじめをつけ、提出物の期限を守るなど、生活習慣が崩れることがありません。素晴らしいことなので、自信を持ってください。

提出物の期限を守る、服装を整えるなど、基本的な生活習慣が崩れないことは○○さんの強みです。声をかけたときのハキハキした応対も気持ちの良いものです。

学級担任と交換するノートを毎日丁寧に書いて提出しています。そこでは、自分自身を振り返ったり、**授業**の準備をしっかりする工夫をしたりと、生活を整えようとする姿勢が見られます。

礼儀正しく、TPO に応じた**言葉遣い**ができています。また、服装や持ち物などの学校のルールや**登下校**の交通ルールやマナーも、しっかり守ることができています。

全校集会や**授業**では、相手の顔を見て話を聞く姿勢が身に付いています。また、友達や教師との**あいさつ**も、相手の目を見てさわやかにするなど、学校の雰囲気を良くしています。

出会った人に自分から**あいさつ**する姿が見られました。「廊下で出会うといつも気持ちの良いあいさつをしてくれます」と報告してくれる先生もいました。明るい振る舞いが好印象です。

毎日の**清掃**に丁寧に取り組みました。特に教室掃除でみんなが嫌がるちりとりの係を引き受けたり、教室掃除が終わった後に机や椅子の位置を整えたりする姿が印象的でした。

その日の出来事や感じたことを生活の記録ノートを使って丁寧に振り返ることができていました。自分の気付きを言葉にする習慣は、これからの大きな成長につながるはずです。

いつもにこやかな笑顔で、誰に対しても穏やかな態度で接することができています。また、時間を大切にし、**言葉遣いやあいさつ**なども丁寧なため、とても好感がもてます。

ルールや時間を守って規則正しい学校生活が送れています。**言葉遣いやあいさつ**なども丁寧にできており、節度を守って生活しようという気持ちが随所に表れています。

服装や**言葉遣い**なども整っており、常に時と場に応じた行動を取ることができています。また、誰にでもさわやかに**あいさつ**ができているので、周りを明るくしています。

言葉遣いが丁寧で礼儀正しく、きちんとした生活態度が身に付いています。**交通委員**として交通新聞を作成したり、**交通安全運動**に取り組んだりしたときも、最後まで丁寧に役割を果たしました。

学習では疑問点をそのままにせず、素早く質問することができ、力を付けている印象を受けます。目標を高く持ち、努力を確実に積み重ねることで〇〇さんの良さがさらに伸びてくると思います。

班長や**卓球部**部長といった**リーダー**を経験することが増え、仲間の先頭に立って活動しています。学習や**部活動**でも地道に努力を重ねながら友達を思いやる姿は良きお手本となっています。

校則を遵守し、服装や髪型にも常に気を配り、規律を守りながらも集団の自由を大切にしながら学校生活を送っていました。そのような行動は他者との協調性を高めます。

生活態度においては、責任感を持った行動が常に見受けられました。自身の行動に責任を持ち、規律を守ることが、周囲からの信頼を得る大切な要素となっているのが〇〇さんの良い点です。

学校生活において、〇〇さんはいつも気持ちの良い**あいさつ**を心がけ、相手の目を見て話をするなど、他者への尊敬や配慮が表れていました。このような姿勢は人間関係の構築において重要です。

言葉遣いが丁寧で、**部活動**では教員、先輩、後輩と相手に応じて使い分けることができています。また、次の**授業**や活動に遅れないよう早めに行動を開始しており、常に時間を意識しています。

忘れ物がないよう、**生活ノート**に翌日の準備物を丁寧に記録するなど、自己管理がしっかりとできています。また、提出物も忘れず、期日を守って提出できています。

全校朝礼や**授業**における話を聞く態度が誠実で、いつも相槌を打ちながら真剣に聞いています。そのため、情報の聞き逃しがなく、確実に行動に移すことができています。

いつも時間を意識して行動することができています。校内ではもちろん、**宿泊学習**においても**5分前行動**を意識し、常に時計を見ながら行動する姿は、級友の良き手本となっていました。

学習は**テスト**前だけでなく、日々コツコツと行うことが大事だと考え、毎朝**登校**後30分間、自主的に学習に取り組んでいました。その姿が学級の良き模範となりました。

常に感謝の気持ちを持ち、周囲と接しています。先生に聞くことがあれば、必ず最後に「ありがとうございます」という言葉を伝えている姿がとても印象的でした。

毎日遅刻することなく**登校**し、**授業**の準備物も忘れることがありません。課題も計画的に進め、高い自己管理能力があります。誰とでも分け隔てなく接するため、皆に信頼されています。

毎日規則正しい生活を送ることができています。**授業**前に準備物を整え、計画的に学習を進めており、自己管理がすぐれています。今後のさらなる成長が期待されます。

基本的な生活習慣がしっかりと身に付いており、**授業**にも意欲的に参加しています。**係活動**にも責任を持って取り組み、時間を有効に使っています。友達への配慮があり、周囲から信頼されています。

しっかりとした生活習慣が身に付いているなど最高学年にふさわしい行動を取っており、下級生の手本となっています。進路の実現に向けた生活の中でも、そこを崩さずに過ごしてください。

進路への取り組みや**部活動**の終了など、3年生は学校生活が大きく変化する時期です。その中でも基本的な生活習慣を乱すことなく、変化にも前向きに対応できる力を発揮していました。

日頃からすがすがしい態度で過ごしています。**生徒総会**など全校の集まる場で、良い姿勢で大きな声で返事をしたり、はきはきと話をしたりして、下級生の良き手本となっています。

毎日、**授業**の持ち物などを忘れないように、自分のノートにしっかりとメモを取っています。授業のワークや進路関係などの書類も、期限までに必ず提出するなどの習慣が身に付いています。

家庭で勉強などの時間や家族との会話を大切にするため、スマホを使う時間を決めるなど、規則正しい生活リズムで過ごすことができている様子が、ワークシートや日誌などからわかります。

学校行事に熱心に取り組むことができました。特に**合唱コンクール**の練習では、アルトパートでサビ部分を聴かせるための工夫を、仲間と熱心に話す姿が見られました。

３年間一度も遅刻や欠席をすることなく**登校**することができました。無遅刻・無欠席は、体調管理をできていることに加え、毎日の生活リズムを整えることができている証拠です。

「**部活動**の２時間だけでなく、その他の22時間を大切にできる人になりたい」と話していた通り、**自主練習**をしたり、生活習慣を見直したりしながら、県大会出場を目指す姿は立派でした。

基本的な生活習慣がしっかりと身に付いており、集団生活のルールやマナーを守って行動することができています。また、周りに流されることなく自分の意見をもち、責任をもって行動できています。

真面目で几帳面な性格で、何事にも一生懸命に取り組むことができています。また、しっかりと自分の意見をもち、きちんとした行動をするので、周囲からの信頼も厚いものがあります。

規律ある生活態度で素直に物事を考え吸収してく姿勢は素晴らしいものがあります。また、何事にもひたむきに努力する頑張り屋であるため、力を伸ばすことができました。

テスト期間中には計画的に勉強を行うことができており、いつも締め切りに遅れることなく課題を提出できています。毎朝一番早く**登校**し、勉強をしたり**読書**をしたりする姿も印象的です。

目標を自分の中で明確に持ち、その実現に向けて主体的に行動できています。**家庭学習**の方法を工夫して学習に集中できる環境を整えるなど、客観的に自己を見つめて取り組めています。

日々の生活記録には学習や生活などの目標を書き、地道に努力を重ねるなど意志の強さを感じます。特に**テスト**期間中には提出物を計画的に終わらせ、自分の苦手な教科の克服にも取り組みました。

校則をしっかり守り、服装や髪型の外見だけでなく、集団生活においてもマナーを遵守することを大切にし、学校生活を送っていました。校則の意味を理解し、規律を守る姿勢が見られました。

生活態度では、○○さんは常に自主的に行動し、誰も見ていないときでも自分に責任を持って行動する姿勢を貫いていました。こうした行動は、今後も継続してほしいところです。

日常生活において、○○さんは常に**整理整頓**を意識し、ロッカーだけでなく掃除道具などもきれいに整えていました。そうした姿勢が身に付いているのは非常に素晴らしいことです。

最上級生として、後輩の模範となる行動ができています。チャイムの合図によって行動するのではなく、自分で時計を見ながら時間を意識して行動していました。

清掃活動では、自分が使用した道具以外も元通りに戻すなど、自分の身の回りだけでなく、公共物の**整理整頓**も心がけることができています。また、道具が痛まないようにする配慮も見られました。

時と場合、相手に応じて感じのよい**あいさつ**を行っています。また、**授業**や**給食**の前後にも感謝の気持ちを込めてあいさつをしており、他の模範となる行動ができています。

困っている友達や下級生に対し、手助けをしたり、声をかけてあげたりするなどの気遣いができています。やさしい気持ちと素直さを備え、周囲の友達も○○さんを慕っています。

生徒会本部役員として全校生徒に身だしなみを整えるよう声かけを行っていました。自分自身の身だしなみも率先して整え、生徒会本部役員として自覚と責任を持って活動していました。

誰に対しても自分から気持ちの良い**あいさつ**をし、時と場合に応じた正しい**言葉遣い**をすることができています。どんなことにも前向きに意欲的に取り組む姿が、クラスの良き模範となりました。

毎朝早めに起床し、時間通りに**登校**しています。**授業**中は積極的にノートを取り、理解を深めようとしています。各課題にも計画的に取り組めており、提出期限を厳守しています。

基本的な生活習慣が確立されており、規則正しい生活を送っています。全ての**授業**で集中力を切らさず、疑問点があれば質問する姿が見られ、理解を深めようとする姿勢が感じられます。

基本的な生活習慣が身に付いており、毎日遅刻することなく**登校**できています。**授業**中も、積極的に発言する姿が見られます。次の学期も、このままの調子で学び続けることを期待しています。

(2)「健康・体力の向上」が見られる生徒の所見文

**主な
行動特性**

生き生きと活動／健康を意識／部活動に意欲的／手洗い・うがい
を欠かさない／朝食をしっかりとる／好き嫌いをしない／早寝・
早起き／積極的に運動／体育祭で活躍／安全な学校生活

体育の時間は生き生きとした表情を見せていました。**部活動**にも意
欲的に参加しており、新しい生活にも順応できました。この姿勢が
あれば、体力や技術はさらに伸びるでしょう。

毎日はつらつとした表情で意欲的に生活していました。特に体を動
かす活動が好きなようで、学級の**レクリエーション**や**体育**の時間、
部活動などではより積極的に取り組む姿が随所に見られました。

給食の後は友達と**歯磨き**をしたり、**保健委員**として熱中症対策のポ
スターを丁寧に作ったりして、自分だけでなく全校生徒の健康を意
識した学校生活を送っています。

剣道部に所属し、勉強と**部活動**の両立を目標に、暑い日も寒い日も
練習に励んでいます。小学校から剣道をしている友達に上達する練
習法を教えてもらい、こつこつと取り組んでいます。

給食当番の時には、**手洗い**を丁寧に行ってから配膳準備をするだけ
でなく、同じ当番の人たちにも手洗いをするように呼び掛け、みん
なが気持ち良く**給食**の時間を迎えられるように動きました。

部活動の顧問の先生から「1日10本でも自主的に素振りをすると、
1年間で3650本の差がつく」とアドバイスを受け、自宅で竹刀を振
り続けてレギュラーになることができました。

「お風呂で大声で歌うとストレス発散になります」と話していて、上手にストレス発散させる方法があるためか、毎日誰に対しても温かく関わることができています。

明るく快活で、常に前向きな態度で日々過ごすことができています。**部活動**の練習にも熱心に参加して、体力や技術の向上に努めるとともに、チームの一員として行動できています。

明るく快活な人柄は、誰からも好感をもたれています。**部活動**に意欲的に参加するだけでなく、帰宅後も自主的に練習するなど、基礎体力づくりに励むことができました。

友人と明るく和やかに接し、常に前向きな気持ちで学校生活を送ることができています。また、自分の体の状態を知り、栄養のバランスを考えた食事を心掛けて日々生活することができています。

中学校から始めた**バドミントン**の練習に、熱心に取り組んでいます。**帰りの会**が終わった後は誰よりも早く体育館に向かい、練習の準備を率先して行っています。

日々の生活記録から、**早寝・早起き**を心がけて取り組んでいる様子が伝わってきます。朝は誰よりも早く**登校**し、**読書**をしたり勉強をしたりしており、**授業**中も集中して取り組めています。

保健委員として**手洗い・うがい**を呼びかけました。**昼休み**の後や**清掃**の終了後には、級友たちと共に自身も率先して手洗い・うがいを行い、風邪の予防に努めました。

生活面では、健康管理や体力の維持に努めていました。**早寝・早起き**を習慣化し、毎朝しっかりと朝食をとることが、○○さんの日常生活に良い影響を与えていると感じます。

生活面では、健康管理と体力向上に励んでいました。**昼休み**に校庭で級友たちと元気に**サッカー**を楽しむ〇〇さんの活気あふれる姿は、とても印象に残りました。

生活面では、健康管理と体力向上を目指していました。**マラソン大会**に向けて、級友と共に校庭で**ランニング**に励む〇〇さんの姿には、努力家らしさが感じられました。

給食では、好き嫌いせず何でも食べるようにしています。また、食後には毎日欠かさず丁寧に**歯磨き**をしており、健康的な学校生活を送ることができています。

昼休みにはいつも運動場で友達と遊んでおり、積極的に運動しようとする姿勢が見られます。また、熱中症に注意して活動するなど、体調管理にも気を配っています。

体育の**授業**の後や**給食**の前には必ず**手洗い・うがい**を行うなど、自分の健康管理に気を配っています。また、**休み時間**には積極的に換気を行うなど、クラスメイトの健康管理にも気を配っています。

保健委員として、**運動会**の救護活動に積極的に取り組んでいました。活動をする中で、けがの発生について**委員会活動**で調べ、全校生徒に注意喚起をしていました。

休み時間の後や**給食**準備の前などは、寒い日でもしっかりと**手洗い・うがい**をすることができました。衛生管理をしっかりと行い、健康な体をつくることができました。

駅伝大会に向けて、コツコツと体力づくりに励みました。**体育**の**授業**だけでなく、**昼休みや放課後**にも友達と一緒に校庭を走ったり、ストレッチをしたりしている姿を見かけました。

ハンドボール部では1年生ながらレギュラーとして大会に出場し、力強いプレーで得点してチームのために貢献しました。**部活動**に熱心に取り組み、技能が向上しています。

毎日の体操や**水泳**に熱心に取り組み、体力と柔軟性が向上してきました。**水泳大会**では自己ベストを更新し、素晴らしい成績を収めました。今後のさらなる活躍を期待しています。

陸上部の練習に積極的に参加し、直近の大会では100m走で自己記録を更新するなど素晴らしい成績を収めました。日常生活でもバランスの取れた食事を心がけ、健康的な生活を送っています。

バスケットボール部の練習に熱心に取り組み、瞬発力と持久力が向上してきました。試合では得点を重ね、チームの勝利に貢献しました。健康的な食生活にも意識を向けることができています。

新体力テストの記録で大きな伸びを示し、今まで以上に体力が付いてきた印象です。日々の**登校**や**部活動**への参加など、前向きな取り組みの積み重ねが成長を支えているのでしょう。

欠席も少なく、毎日の活動に前向さに取り組んでいます。**体育**や**部活動**でも今までの記録を大きく伸ばしたり、今までできなかったことができるようになったりする姿が見られました。

スマホの使用時間をコントロールして**早寝・早起き**を心がけたり、朝や夜の食事をしっかりととったりするなど、健康に対してとても高い意識を持って行動することができています。

バスケットボール部の活動に積極的で、家の近くを一人でランニングしている姿を何度も見かけました。競技に励むだけでなく、心身の健康に関する図書も**朝読書**の時間に読んでいます。

多くの人が減らしたり残したりする**給食**のメニューでも、いつも残さず美味しそうに食べきる姿からも、食べ物を大切にできる人だということがわかります。

身体を動かすことが好きで、**昼休み**になると毎日仲間と共にグラウンドへ出て汗を流しました。昼休みに身体を動かすことが気分転換になっているのか、午後の**授業**も集中して取り組めています。

冬の寒い時期でもみんなの健康を気遣い、**休み時間**に教室の換気をするため、教室の窓を開けるなどしていました。中学校2年生ながら、みんなの健康を気遣える行動に感心していました。

明るい気持ちで、毎日元気に学校生活を送ることができています。また、健康や安全に意識を向け、1日の欠席もなく常に前向きな姿勢でさまざまなことに取り組むことができています。

友人と明るく和やかに接し、常に前向きな態度で生活しています。また、**部活動**の練習にも熱心に取り組んで体力と技術の向上に努めることができました。

明るい気持ちで、毎日元気に学校生活を送ることができています。**体育祭**では持ち前の脚力を発揮し、**リレー**の選手として学級を優勝に導く快走を見せました。

冬の**マラソン週間**では、自分の限界を突破することを目指して一生懸命走ることができました。毎回、自分のベストを超えられるように良い準備をして取り組むことができました。

部活動では地道な努力が実り、スタメンとして試合に出場する機会が増えました。技術や体格が勝る相手にもひるまず果敢に挑む姿勢は、周囲へも良い影響を与えています。

体育祭では**リレー**や学年団種目の練習を周囲に呼びかけ、見事にクラスを優勝に導きました。**部活動**では**野球**に熱心に取り組み、投打にわたりチームの中心として活躍しました。

生活面では、健康管理や体力向上に努めていました。前学期には体調を崩すこともありましたが、今学期は夜更かしを控えたことで生活態度に改善が見られ、健康状態も向上しています。

生活面では、健康管理や体力向上を常に意識していました。日々の**ウォーキング**やストレッチを欠かさず続けるなど、○○さんの健康への意識の高さが感じられます。

生活面では、健康を大切にし、体力の維持向上に努めていました。**放課後**には自主的に**ジョギング**を行うなど、健康的な生活習慣を身に付いている様子がうかがえます。

昼休みには、グラウンドで友達と走ったりキャッチボールをしたりするなど、**新体力テスト**の結果から自分に足りない体力要素を分析し、向上させようと努めていました。

部活動には、技能や体力を高めるために意欲的に取り組んでいます。苦手な技の練習や体力的に苦しいトレーニングでも、弱音を吐かず一生懸命励んでいました。

学校内の危険な場所を見つけて教員に報告するなど、安全な学校生活を送るために行動していました。また、友達の危険な行動に対しても、毅然と注意する姿が見られました。

保健委員として、手洗い場の石けんチェックや交換、出欠の確認などに積極的に取り組んでいました。感染症の予防には**手洗い**が重要だと気付き、食事の前の手洗いを呼びかけるなどしていました。

昼休みには毎日級友とグランドに出て**バレーボール**や**サッカー**を行っています。**体育**の**授業**での学習を生かして、作ったルールをもとにさまざまな人と運動を楽しんでいる姿が見られました。

体育の「**持久走**」では、腕につけたスマートウォッチで自身の脈拍を確認しながら、心地良いペースで長く走ることができました。実生活にも役立てようとする姿勢から意欲が感じられます。

バスケットボール部ではエースとして活躍し、1試合で35得点をあげるなど、チームのために貢献しました。先輩として、後輩の良き手本となるよう熱心に取り組めています。

毎日の**ランニング**や**部活動**に積極的に参加し、持久力や筋力が向上してきました。**シャトルラン**では自己記録を更新し、クラスメイトを引っ張る姿勢が印象的でした。

毎週の**剣道部**の練習に熱心に参加し、体力と集中力が向上してきました。最近の試合では自信を持って挑み、見事な成績を収めました。日常生活でもバランスの取れた食事を心がけています。

毎日の運動に積極的に参加し、持久力や筋力が向上してきました。**体育**の**授業**では**持久走**で自己記録を更新し、リーダーシップを発揮してクラスメイトを鼓舞する姿が見られました。

新体力テストの結果や**体育**で行われた記録でともに高い成績を残しました。日常的に体を動かす生活習慣を持っていることが、このような結果につながっていると思います。

体を動かすことが好きで、身体的な活動をするときはより意欲的です。進路に向けた活動の中でも体を動かすのをやめないことが、リフレッシュや体力の向上につながっています。

給食の時間は、好きなものだけでなく苦手なものもしっかり食べて健康な体をつくるように心がけていました。**家庭科の授業**の後、自分で栄養について図書室で調べていました。

学級会で「クラスみんなで軽スポーツをして、リフレッシュしよう」と提案し、みんなが楽しく過ごせるようリードしていました。進路選択を控えた時期にとても良い時間になりました。

保健委員で熱中症対策のポスターを作る際、どのようなポスターを作るとみんなの目にとまり、水分をこまめにとってもらえるかを考えることができました。

効率の良い勉強のためには十分な睡眠が必要だと知り、寝室にスマホを持ち込まないようにしていると話していたように、体調管理に対する高い意識を感じることができます。

欠席が続いた仲間に、「大丈夫？**授業のノート**を見せるよ」と声を掛けて気遣うなど、やさしい姿が見られました。自身の健康に気を付ける意識も、しっかりと持てています。

自他の安全を考え、常に落ち着いた行動を取ることができています。また、健康に関わる活動から学んだことを生活に生かし、より良い学校生活を送ることができています。

手洗い・うがい、消毒など感染症対策を常に心がけて行動することができています。また、**休み時間**には率先して教室の換気を行い、快適な学級づくりにも貢献しています。

○○部のキャプテンとして常に皆の先頭に立ち、大きな声でチームを引っ張りました。最後の中学総体では自分の力を最大限に発揮し、プレーでチームを鼓舞しました。

3年間休むことなく学校に**登校**することができました。日頃から**部活動**に熱心に取り組み、体力づくりを頑張っている成果だと思います。○○さんにとっても大きな自信になっているようです。

　努力家で向上心があり、自分の弱点を冷静に見つめ、改善に向けて行動することができています。**部活動**では最上級生として努力する姿を後輩たちに背中で語り、良き手本になっています。

　大好きな**バスケットボール**でキャプテンとなり、何事にも前向きに自信を持って挑戦できるようになりました。失敗を恐れず、時に友達と励まし合いながら、**部活動**に励む姿が印象的でした。

　生活面では規則正しい生活を心がけ、健康管理に努めていました。毎晩のストレッチを習慣にすることで、体調管理が非常にうまくできているように感じます。

　生活面では、健康と体力の向上を意識し、日常的に運動に取り組んでいました。朝の**ラジオ体操**を欠かさず続ける○○さんの姿勢からも、健康への強い意識がうかがえます。

　生活面では、健康管理と体力向上に努めていました。休日には自転車に乗って遠出することが習慣となっているようで、○○さんのアクティブな生活態度が健康維持に貢献しています。

　手洗い・うがいや換気をこまめに行ったり、状況に合わせてマスクを着用したりするなど、受験シーズンに入って以降、今まで以上に体調管理に気を付けた行動を自分で考え、実行しています。

　部活動では、最上級生として後輩の模範となる姿勢で取り組んでいます。どのような練習メニューにも率先して取り組んでおり、その姿で後輩を引っ張っていました。

部活動が終わった後、運動不足になりがちな時期であることを踏まえ、**休み時間**等を活用して少しでも体を動かそうとするなど、運動不足解消に励んでいました。

保健委員会の委員長として、委員会の話し合いを中心になってまとめていました。熱中症の予防についてのプレゼンを全校生徒に向けて行い、効果的な対策方法を伝えることができました。

バスケットボール部に所属し、最後の総体に向けて黙々と練習する姿が見られました。暑い中でも同級生や後輩を誘い、シュート練習を行うなど懸命に取り組んでいました。

保健の授業で感染症の予防について学習し、**手洗い**を必要なときに行うだけでなく、教室の換気を適宜行うなど、学習を日々の生活に生かすことができています。

卓球部では自己の目標達成に向けて技能の向上に努めました。また、部長として常に安定した力を発揮するとともに、大きな声でチームを盛り上げ、好成績を収めました。

サッカー部の練習に参加し続けたことで、体力と敏捷性が向上しました。試合では重要な場面で点を決めるなど、チームの勝利に大いに貢献しました。健康管理にも意識を向けています。

バスケットボール部の練習に熱心に参加し、持久力を高めるとともに、周囲との協調性も高まりました。最近の試合では素晴らしいプレーを見せ、チームを勝利に導きました。

吹奏楽部の練習に積極的に参加し、体力や集中力が向上してきました。**合奏**の際には長時間の練習にも耐えられる体力が付いてきたことで、素晴らしい**演奏**を披露しました。

主な行動特性

周囲に流されない／自分の意見を持っている／決まりを自ら守る／自分の意思で行動／自ら立候補／クラスをリード／友達に声かけ／リーダーとして活動／目標に向かって努力

慣れない中学校生活の中で起こる混乱の中でも○○さんは周囲のムードに流されず、しっかりと考えた言動をしていました。その姿勢に信頼を寄せる仲間も数多くいました。

しっかりと自分の意見を持ち、周囲のムードに流されずに考えて行動する姿勢はいつも立派でした。しかもそれが独りよがりではなく、周囲との協調の中で発揮できている点が素晴らしいです。

「**登校**したらタブレット端末をしまう」「**朝の会**が終わったら貴重品を預ける」といった決まりを守って生活できました。決まりを守る姿を通じ、仲間からの信頼を得ていました。

「みんなが笑顔で学校に**登校**できる学校をつくりたい」という理由で**生徒会**執行部に入り、**生活委員**副委員長として朝の**あいさつ運動**が活性化する仕組みを考えました。

何事においても人の意見に左右されることなく、自分の意思で行動することができています。自分に合った学習計画を立て、自主的に学習に取り組み、根気強く努力することができました。

控え目ですが、誠実でしっかりした考えを持っています。自分なりに計画を立てて根気強く取り組み、何事にもさらに自己を高めようと努力することができます。

思ったことをはっきりと述べ、周りを引っ張っていく力があります。そのため、**実行委員**にすすんで立候補し、行事の成功に向けて努力を重ねることができました。

今学期は**学校行事**の**実行委員**に立候補しました。周囲をより良い方向へと導く意見を提案し、オンとオフの切り替えを上手にしながら集中して取り組みました。

野外体験活動では、**実行委員**としてごみの持ち帰りを呼びかけたり、スタンツの劇の準備の際に周囲へ的確な指示を出したり、クラスをより良い方向へとリードしました。

学習や**部活動**には、自己分析を行いながら落ち着いて取り組んでいます。**テスト**や**ソフトテニス**の試合の後などには、反省点や次への課題を見つけ、改善を重ねることで確実に成長しています。

○○の活動に自主・自律の精神で積極的に取り組んでいました。**委員会活動**での話し合いの際には、他クラスの委員とも熱心に意見を交わし、役割以上の貢献を果たしていた姿が印象的でした。

○○の活動では、自主・自律の精神をモットーに努力していました。**委員会**の話し合いが難航する中でも粘り強く取り組み、最後まで諦めずに目標達成に向けてまい進していました。

○○の活動では、自らの意思で積極的に行動していました。自ら目標を設定し、地道に努力を続ける○○さんの姿勢が、級友たちにも良い影響を与えていました。

与えられた役割を果たすことはもちろん、その中でもより良い方法を考えて行動することができています。特に**清掃活動**では、どうすればもっときれいになるか考え、時間いっぱい活動しました。

学校がより良くなるように、**委員会活動**では自分の意見を積極的に述べています。また、**運動会**のリレーでは、チームが優勝するための方法を率先して考えていました。

授業では、積極的に自分の意見を発表したり、わからないことを聞いたりしています。また、**合唱コンクール**ではクラスの**合唱**が上達する方法を考え、提案していました。

入学して間もない頃は**休み時間**の使い方に苦戦していたものの、その後は自ら効率的な時間の使い方を考え、生活をしていました。友達に時間を守る声かけをする姿も見られました。

どんな場面でも、時間を守ろうとする意識があります。自分が時間を守るだけでなく、積極的に友達にも声かけをするなど、学級全体のことを考えて行動し、主体性のある学校生活を送っています。

清掃では教室担当の**リーダー**として、自分が一生懸命取り組むことはもちろん、無言で行えている人のチェックや終わりの**あいさつ**など、全体を見ながら自律して活動することができました。

日常の学習や活動において、自ら考えて行動する自主性が際立っています。課題や宿題に対しても自分で計画を立てて取り組み、期限内にしっかりと提出する姿勢が見られます。

目標に向かって周りに流されることなく努力できる強い心の持ち主です。クラスや**部活動**では自分の役割を理解し、自律的に行動することで、他の生徒の良い模範となっています。

学校生活の中で常に自主的に行動し、自分の役割をしっかりと果たす姿勢が見られます。級友と協力しつつも、自分の考えを持ち、自律的に行動することで周囲にも良い影響を与えています。

いつも礼儀正しく、その場に応じた**言葉遣い**ができます。学校生活や校外で出会う人に対して、自分からすすんで**あいさつ**する姿が見られ、さわやかなその姿がとても印象的です。

他者と気持ち良く学校生活を送ることを大切にしており、そのために時間を守ることを常に心がけ、実行することができています。**清掃活動**では予鈴から**清掃**を始めている姿が見られます。

自主的に日々の学習計画を立て、中でも**数学**の課題には積極的に取り組んでいます。**委員会活動**では、クラスの意見をまとめて提案し、周囲への配慮も忘れませんでした。

自らすすんで毎日の勉強時間を確保し、特に**英語**の**スピーキング**には力を入れています。**文化祭**の準備では、**運営委員**としてアイデアを出し、文化祭成功に大いに貢献しました。

作文や**道徳**の感想などで今までの自分を変えたいと書いていました。悩んだりいら立ったり失望したりすることもありますが、それはその思いがあるからこそです。その姿を応援したいと思います。

人間関係や自信が持てない自分などの悩みを抱えていますが、それでもより良い行動を取ろうとする姿勢が失われていません。この日々が将来必ず○○さんの人間としての強さになるでしょう。

後輩や先輩、先生方と関わる際に、誰に対しても丁寧な**言葉遣い**を心がけていました。時と場合に応じた言葉遣いができることもあり、いつでも心地よく周囲と関わることができました。

合唱コンクールの本番直前に学級のみんなに向けて手紙を書いて、クラスへの思いを伝えてくれました。仲間のために貢献しようとする姿が仲間からの信頼を得ることにつながりました。

自分からすすんで**学級委員長**に立候補したり、**合唱コンクールの指揮者**を務めたりするなど、自分の枠を広げたいという意欲的な姿が見られ、成長を感じます。

控えめな態度ですが、精神的なたくましさや向上心があり、自分の定めた目標に向かって進んでいく力強さがあります。そのため、行事では**実行委員**をサポートし、学級を一つにまとめました。

自分の考えをしっかりともち、自己主張しながらもやさしい気持ちで人に接することができています。また、自己を向上させるための課題を正確に見いだし、黙々と努力する姿が見られました。

自分のことを客観的に分析し、どのようにするべきかをよく考えて行動することができました。特に学習面では、苦手意識のある教科を克服するために地道な努力を重ねました。

独創的な発想の持ち主で、周囲も一目を置いています。**合唱コンクール**では**指揮者**を務め、限られた**合唱練習**の中で、級友に指示を出すなど自分で考えて行動する姿が随所に見られました。

○○の活動では、特に意欲的・積極的に取り組んでいました。仲間の意見に耳を傾け、時には悩みながらも責任を持って**係活動**に取り組む姿勢が、とても素晴らしいと感じました。

○○の活動では、自主・自律の精神とともに努力を重ねました。自分の行動が周囲に与える影響を意識しながら取り組むようになったことは、大きな成長の証しだと感じます。

○○の活動では、目的意識をもって主体的に努力していました。目の前のことを誠実に実行し、その結果に責任を持つ姿勢が、○○さんをさらなる成長へと導いています。

学級では与えられた役割だけでなく、自分で考えて行動することができています。特に**清掃活動**では、時間が余った際には分担された場所だけでなく、他の場所もきれいになるよう活動していました。

学級のために、自分にできることはないかを常に考え、行動することができています。特に**合唱コンクール**では、学級練習の際に音源やピアノの準備を率先して行いました。

運動会では学級が優勝するために、率先して行動する場面が随所に見られました。特に**朝練習**では、誰よりも早く来て、練習に必要な用具の準備を行っていました。

自らを律し、自己の欲求に負けることがない強い心を持っています。周りの環境や雰囲気に流されることなく、今すべきことを常に考えながら生活していました。

学習に意欲的に取り組み、定期**テスト**の結果から自分の課題を考え、時間を惜しんで取り組む様子が見られました。地道に努力する姿勢を大切にして、3学期も頑張ることを期待しています。

礼儀正しく、与えられた仕事に誠意をもって取り組んでいました。特に**清掃活動**では廊下を担当し、ひざをついて隅々まで丁寧に床拭きを行う姿に感心させられました。

何事にも粘り強く真摯に取り組むことができます。課題に取り組む際には自分で計画を立て、目標に向かって努力を重ねています。他者に依存せず、自分の力で問題を解決する姿が印象的です。

何事にもあきらめず真面目に努力を積み重ねる強い心の持ち主です。他者に頼ることなく、自主的に学習や活動に取り組む姿勢が非常に素晴らしく、常に自分で考えて行動しています。

何事にも前向きに向き合う明るい性格で、細かいことに執着しない大らかさがあります。困難な状況でも自分で解決策を見いだし、実行に移す強い意志を持っており、周囲から信頼されています。

翌日の準備物について生活記録に丁寧に記入する習慣が身に付いており、忘れ物をすることがありません。次の活動を意識した行動ができるため、教室間の移動も落ち着いてできています。

きちんとした身だしなみで、生活全般に明るさと節度があり、周囲にすがすがしい印象を与えています。学期を通じてルールをよく守り、全体のことを考えて行動することができました。

ハンドボール部では自分の技術向上に手を抜かず一生懸命取り組み、チームの雰囲気を良くするために大きな声を出して全体を鼓舞しました。公式戦でも、素晴らしい活躍でした。

毎日の学習時間を自分で管理し、特に**理科**の**実験**には積極的に取り組んでいます。**ボランティア活動**では自主的に計画を立てて行動し、他の生徒を率いて活動を円滑に進めました。

自主的に時間を管理し、中でも**国語**の**読書感想文**には真剣に取り組みました。**部活動**では後輩を指導する姿が随所に見られ、周囲にも良い影響を与えています。

教科の学習や**道徳**で行われる「あなたはどう思うか？」という発問に対し、真剣に考えて意見を出すことができました。さまざまな課題を自分事として考えられる姿勢は素晴らしいものがあります。

多くの仲間に囲まれながらもなれ合いになることなく、**授業**が始まれば集中するなど、けじめをつけながら生活することができています。進路決定にもその姿勢が生かされることでしょう。

修学旅行の**実行委員長**を務め、長崎での平和祈念セレモニーがより良いものになる方法を考えました。各クラスで平和スローガンを考えるなど、全員が関われる方法を考えました。

定期**テスト**で目標を立て、計画的に学習を進めることができました。テスト後はどのように学習をすれば得点が伸びるかを考え、学習方法の改善に努めるなど、自律的に学習できました。

物静かなタイプですが、自己を高めるための目標を設定し、周囲に流されることなく黙々と努力する態度は素晴らしいものがあります。そのため、成績も高い状態で安定しています。

目標達成まで努力を重ね、何事も完遂する強い意志をもっています。また、**学校行事**にも積極的に取り組み、**実行委員**として学級をまとめようと尽力しました。

冷静沈着な行動規範と強い意志を持って生活し、自ら決めた目標を着実に達成することができています。そのため、学級の模範となり、**リーダー**として活躍しました。

今学期は、勉強と**部活動**に真摯に向き合いました。**授業**では積極的に発表し、部活動では仲間と励ましの声をかけ合うなど、日々成長しています。努力を惜しまない姿勢は他の模範となっています。

何事にも物怖じすることなく積極的に取り組み、みんなの前で自分の気持ちや考えを素直に表現することができています。**体育祭**では**実行委員**としてクラスの練習計画を練り、優勝につながりました。

○○の活動では、自らをしっかりと律しながら積極的に行動していました。**生徒会**では困難な課題にもすすんで取り組み、その姿勢が他の生徒たちにも良い影響を与えていました。

○○の活動では、自主・自律の精神で努力していました。**生徒会**の一員として、自分らを厳しく律し、何事にも率先して取り組む姿勢が学校全体を盛り上げていました。

○○の活動では、自ら率先して行動し、仲間と共に努力していました。地域の**ボランティア活動**では、地域の方々に感謝の気持ちを伝え、誠実に行動する姿勢が見られました。

教師からの指示がある前に、自分で考えて行動することができています。どのような状況においても、自分のペースを乱さずに行動することができています。

部活動では目標を設定し、その達成に向けて日々練習に励みました。時にはうまくいかないこともありましたが、めげることなく実直に取り組むことができていました。

高校受験に向けて、志望校合格を目指して計画的に学習に取り組んでいます。**休み時間**や自習の時間でも、周りに流されず自分のペースでひたむきに学習に励む姿勢が見られました。

掲示委員に立候補し、**運動会**の学級の意気込みについての掲示物を作成しました。クラスメイトから案を募り、集約・決定をし、画用紙に丁寧に仕上げることで、学級の士気を高めました。

テスト期間だけでなく、総体前の忙しい時期も**自主学習**に意欲的に取り組む姿が見られました。早めにテスト範囲を確認するなど、主体的に活動することができました。

学習、**部活動**、生活のどの面でも常に自分の目標を設定し、そこに向かう姿は級友の良き手本となっていました。何事にも全力で立ち向かう姿勢がとても立派です。

一度決めた目標は必ず達成するという強い意志を持ち、根気強く物事に取り組むことができます。学習や学校生活において、常に自主的に行動し、目標に向かって努力を続ける姿が印象的です。

自分の目標に向かって計画を立て、着実に実行する力を持っています。困難な状況でも自律的に対処し、他者に頼ることなく自分の力で問題を解決する姿が印象的です。

自らすすんで課題に取り組む姿勢が素晴らしく、他者に依存せず、自律的に行動しています。周りに流されることなく自分の考えを持ち、それを実現するための努力を惜しまない姿が印象的です。

気付いたことは自分からすすんで行動できる力を持っています。他人の助言に対して素直に耳を傾けることができ、自分の生活の在り方に生かそうとする意識も高いものがあります。

いつも自分からさわやかに**あいさつ**する姿には好感が持てます。**部活動**では**野球部**のキャプテンとして、後輩を気遣いながらチームの雰囲気を盛り上げていました。

日々の自主勉強ノートを丁寧に仕上げ、**授業**の内容を復習しました。**英語**の学習では、単語や文法を暗記するために、ノートなどに何度も練習するなどして学力の向上を図りました。

自分からすすんで毎日の学習計画を立て、特に歴史の学習には熱心に取り組みました。**運動会**の**運営委員**として仲間をまとめ、効率良く準備を進める姿も印象的でした。

自主的に毎日の勉強時間を設定し、特に**数学**の問題集には熱心に取り組みました。**部活動**では自らすすんで後輩の指導を行い、チームの団結力を高める役割を果たしています。

（4）「責任感」を伴った行動ができる生徒の所見文

主な行動特性

学級をけん引／学級委員として行動／自分の役割を果たす／最後までやり遂げる／真面目に努力／学級をまとめる／学級に貢献／率先して行動／手を抜かない／妥協を許さない

明るく裏表のないさっぱりとした性格で、誰とでも分け隔てなく接することができています。**運動会**では、**体育委員**として学級をけん引するなど、リーダー的資質を発揮しました。

明るく快活で、常に前向きな態度で学校生活を送っています。今学期は**環境委員会**として牛乳パックの回収などの活動に責任を持って取り組み、役割を果たしました。

学級のことや友達のことを第一に考え、**学級委員長**としての役割を責任を持って果たしました。また、自分のことだけでなく、友達に勉強を教えるなどして実力を確かなものとしました。

数学係としての役割を完璧に果たしました。準備物の連絡をしたり、毎時間実施している小テストがスムーズにできるようタイマーのセットや**テスト**問題の配付を確実にしたりしました。

生活面では、常に責任感を持った行動を心がけていました。○○委員会では、その責任感を生かし、話し合いの場で積極的に意見を述べることで、**学級活動**を活性化させていました。

クラスの一員として、**係活動や給食当番**など自分の役割をしっかりと果たしました。また、**清掃活動**ではみんなが気持ちの良い空間で学校生活が送れるように、一生懸命取り組みました。

自分の行動が周りに迷惑をかけていないか意識して学校生活を送っています。**宿泊学習**では、分担された役割を確実に果たすことでクラスに貢献しようとしていました。

自分の仕事に責任を持ち、継続して最後までやり遂げることができます。**農園活動**では、担当する野菜への**水やり**や草抜きなどを毎日欠かさず行っていました。

学級委員長としての自覚を持ち、その役割を責任を持って果たすことができました。特に連絡黒板のチェックや**授業**の号令を毎日欠かさず行い、全体のために貢献しました。

社会係として、日々の連絡事項を確実にクラスに伝え、責任のある行動がとれました。大きな白**地図**や**年表**の掲示物を毎時間、一生懸命クラスに運ぶ姿が見られました。

給食委員として、片づけの当番や配膳台の台ふきを確実に行ったり、配膳がスムーズに行われるように早く食器の枚数を数えたりするなど、責任を持ってその役割を果たしました。

給食委員として、片づけの当番などに責任感を持って取り組みました。また、クラスの残飯をなくすために級友に呼びかけたり、自分自身もすすんで食べたりするなどして貢献することができました。

課題を期限内に提出しています。**英語**のグループ発表ではメンバーの意見をまとめ、円滑な進行に貢献しました。**文化祭**では**運営委員**として他の生徒をサポートする姿も見られました。

何事にも真面目に取り組み、精一杯努力しようとする姿が随所で見られます。また、誠実な人柄で**清掃**や**係活動**など自分の役割も責任をもって果たすことができています。

柔らかな物腰で誰に対してもやさしく接することができています。**運動会**では**体育委員**として、学級をまとめるとともに準備や片づけなどの運営も行い、役割を果たしました。

穏和で心やさしく、友人を大切にするため、級友から慕われています。**運動会**では学級旗の制作担当になり、総監督としてデザインや色塗りなどを指揮し、見事な旗を完成させました。

理科係として自ら必要なことを考え、率先して取り組みました。提出物があれば、教師の指示がなくても**朝の会**や**授業**後に集め、職員室まで届けに来ました。

○○の活動では、責任感を持って誠実にやり遂げていました。**生徒会**では困難な課題に自らすすんで取り組み、奮闘していました。その姿勢が、みんなに波及したように思います。

自分の役割を確実に果たすために、よく考えて行動しています。**係活動**では翌日の**授業**の準備物で忘れ物がないように、教師の話をメモしたり友達に確認したりしていました。

日々の学校生活だけではなく、さまざまな場面で自分の役割を果たそうと行動しています。**職場体験**学習では、職場の方の話をしっかりと聞いて理解し、その意味を考えながら行動していました。

芯が強く、自分の決めたことや与えられた仕事を全うする力があります。学級旗製作に立候補し、短い期間でしたがクラスメイトのデザインを忠実に再現し、丁寧に仕上げることができました。

責任感が強く、自分の役割に対して誠実に取り組もうとする姿勢が見られます。クラスや**学校行事**での役割を率先して引き受け、学級に貢献する姿が随所に見られます。

修学旅行では、**班長**として班員の意見をまとめ、班別自主活動などの計画を立てました。また、**学級委員長**として、たくさんの場面でクラスをまとめ、全員で楽しく活動できるように心がけました。

学級委員長として、**校外学習**で司会を務めたり、**あいさつ**を堂々としたりしました。任された仕事に真剣に取り組む姿勢は素晴らしいものがあり、自信を持って臨むことができています。

体育委員として、大きな声で号令をかけたり、クラスの仲間に早く整列するよう呼びかけたりするなど、役割をしっかりと果たすことができました。また、準備や片づけも率先して行いました。

日々の課題に責任感を持って取り組み、特に**数学**の課題には自らすすんで取り組んでいます。**ボランティア活動**にも積極的に参加し、地域貢献に意欲を示しています。

日々穏やかな心情で過ごし、節度ある行動が取れています。○○係や○○委員の仕事は人一倍の誠実さと熱心さでやり遂げ、級友や教師から大きな信頼を得ています。

修学旅行では**班長**として仲間を統率し、**運動会**では**体育委員**として選手宣誓を行うなど、大活躍でした。与えられた仕事は責任を持って果たすことができています。

誠実な人柄で、**給食当番**や**清掃**、**部活動**などに全力で取り組んでいます。学校生活のさまざまな活動の一つ一つにきちんと対処しようとする姿勢が素晴らしいと思います。

周囲に流されることなく行動することができました。特に**学級活動**では、**実行委員**や**班長**でなくとも気付いたことは率先して行動し、クラスの縁の下の力持ちとして活躍しました。

○○の活動では、自らの使命を課すかのように真剣に取り組んでいました。割り振られた仕事をただこなすだけでなく、周囲と積極的にコミュニケーションを取りながら役割を果たしていました。

自分の立場を自覚し、責任ある行動ができています。特に**修学旅行**では**班長**に任命され、班員が安全に楽しく活動できるように、班長としての役割を全うしました。

集団における自己の役割を自覚し、行動できています。**合唱コンクール**では、学級練習で手を抜くことなく、毎回全力で歌おうとする姿勢が見られ、本番でもその成果が発揮されていました。

責任感が強く、何事にも妥協を許さず努力する姿は、他の生徒の模範となるところです。与えられた役割をしっかりと果たし、困難な状況でも最後までやり遂げる姿が印象的です。

美化委員として、掃除用具の点検や**清掃**の重点箇所の呼びかけを確実に行いました。清掃強化月間には、級友に積極的に声をかけ、掃除道具の効率的な使い方を紹介していました。

美化委員として日々の**清掃**を丁寧に行うだけでなく、各場所の清掃ポイントをクラスで発表したり、掃除ロッカーの**整理整頓**の仕方をポスターにしたりするなど立派に役割を果たしました。

保健委員として石けんの補充を確実に行ったり、衛生管理について呼びかけたりしました。冬場は**休み時間**ごとに窓を開けて換気をするなど、教室環境に気を配ることができました。

理科の実験では必要な準備を自らすすんで行い、全体の進行をサポートしていました。**運動会の運営委員**としても仲間を引っ張るなど、責任を持って取り組むことができました。

主な行動特性
デザインを考案／ICT を活用／表現を工夫／臨機応変に行動／アイデアが豊富／試行錯誤しながら練習／効果的な解決策を考案／豊かな発想力／独創的な視点

学級旗の制作では見事な**デザイン**を考案し、アイデアが採用されました。**昼休み**や**放課後**の空いている時間を見つけ、率先して色塗り作業に取り組み、クラスのために努力しました。

さまざまな意見を集約し、自分の言葉でまとめて表現することができています。クラスで級訓を考える際には、クラスの雰囲気や目標にぴったりな内容を提案していました。

翌日の準備物を伝達する際に、自分だけでなくクラス全員が忘れ物をしないよう各教科係の負担を減らすことの両面を考慮し、ICT を活用した伝達方法を提案しました。

合唱コンクールに向けて、パートリーダーとして活動しました。楽譜や歌詞からイメージして表現を工夫し、それを学級に広げて○組だけの**合唱**を創り上げてくれました。

宿泊学習では、「仲間の集い」での全体司会として事前の準備を重ね、本番では全体の進行に加え、みんなを盛り上げるため臨機応変にアナウンスをすることができました。

アイデアが豊富で、教室をより良い環境にするための道具を次々と開発し、学級に貢献しました。学習面においても常に新しいアイデアを考え出し、独自の方法で課題に取り組んでいます。

学習や**校外学習**において、自ら創意工夫を凝らして取り組む姿勢が見られます。他の生徒にもそのアイデアを共有し、クラス全体での取り組みをより良いものにするために尽力しています。

広報委員として校内の掲示に工夫を凝らし、より快適な校内環境づくりに努めました。工夫を凝らした掲示物、見やすい掲示物を制作し、友人と協力して校内に掲示することができました。

放送委員として、お昼の放送を全校生が楽しめるように工夫しました。**体育祭**では、**学級旗制作委員**として質の高い学級旗を制作するなど豊かな発想力に感心しています。

合唱コンクールでは、友達と少しでも歌を良くしようと試行錯誤しながら練習に励みました。曲のイメージを膨らませるために、イメージのイラストなどを級友に提示していました。

図書委員として、図書室のルールを伝えるポスターや利用を呼びかける掲示物の作成に取り組みました。クラスごとに月別に読んだ本の合計を競い合うクラスマッチも実施しました。

合唱コンクールでは、ソプラノのパートリーダーとして率先して練習に取り組んだり、**合唱**がより良くなるためのアドバイスをしたりしていました。

広報委員として、**運動会**や**給食**の放送では、聞き手のことを考えて聞き取りやすいような発音や話すスピードを工夫し、自信を持って放送することができました。

聡明で状況判断にすぐれ、常に全体を広く見渡して行動することができています。**体育祭**では放送委員としてユーモアを交えながら**リレー競技**の実況を行うことができました。

運動会では学年団種目を考える際に、体力の有無にかかわらず参加者全員が楽しむことができ、かつ観客も楽しめるという観点で工夫した競技を提案しました。

合唱コンクールでは全員がモチベーションを維持しながら効果的に練習に励めるように、パート別練習方法の具体的な提案をするなどして、練習計画の立案に貢献しました。

学級のスローガン「○○○○」に合う学級旗のデザイン案を提出し、○○さんの案が２年○組の学級旗になりました。豊かな発想で工夫を凝らすことができるところが○○さんの長所です。

ダンス発表会に参加しました。**夏休み**からテーマの考案、作品創作を行いました。自らの経験を生かし、振り付けを考える際にはグループの中心になって考えるなど、頼りになる存在でした。

常に創意工夫を重んじ、独自のアプローチで課題に取り組む姿勢が印象的です。課題に直面した際、既存の方法にとらわれず、新たなアイデアを積極的に試みる姿が見られます。

授業や活動の中で、自ら考えた工夫を積極的に取り入れ、効果的な解決策を見つけることができています。計画を立てる際には創意工夫を持って取り組み、新しい方法を試すことに積極的です。

２学期は**放送委員**として、**学校行事**での放送やみんなが楽しんで聞いてくれるように工夫したお昼の放送を考えました。聞き取りやすいように読み方を工夫することもできました。

図書委員として、全校生徒が楽しく学校図書館を利用できるようにイベントを実施しました。イベントで配付するしおりには季節に応じたイラストを入れるなど、工夫をしていました。

給食では副食の運搬を担当し、準備の時間を短くするために、いち早く配膳室に行っていました。また、クラスでの運搬方法も検討し、改善する様子が見られました。

合唱コンクールでは、聞いてもらう人の印象に残るような歌を目指し、日々友達と歌の改善に取り組みました。どの歌詞を強調して歌うかなどを試行錯誤していました。

運動会では、陸上部での経験を生かし、全員リレーでバトンパスがうまくいくようにクラスに向けてアドバイスをしたり、実際に手本を見せたりするなど役割を果たしました。

広報委員として、わかりやすいアナウンスを心がけたり、静かに放送を聞くように呼びかけたりするだけでなく、掲示物を作成することで重要な放送を聞き逃さないような工夫も見られました。

クラスの話し合い活動の際には、豊かな発想力でキラリと光る意見をたくさん発表していました。○○さんの意見がきっかけで、活動がスムーズに進むこともあり、周囲も一目を置いています。

独創的な視点で意見を述べ、周りに新たな気付きを与える存在です。そのような視点から、生徒総会では学校をより良くするための提案を行い、多くの賛同を得ていました。

部活動では部員数が少ない中でも、顧問のアドバイスや専門の指導書等を参考にしながら、効率的に技能を向上させるための練習メニューを考えていました。

美化委員会で清掃の仕方を動画にまとめました。「全校生が実践してくれるように」と、よりキャッチーな動画になるように、随所に工夫を凝らすことができました。

合唱コンクールでは男性パートの中心となり、得意な高音の部分だけでなく低音の歌い方も工夫し、全身を使って大きな声でクラスをリードする姿がとても印象的でした。

学習や学校生活において、独自の発想で課題に挑戦しています。グループ活動では皆の意見を取り入れながらも、自分の独創的な発想を加え、成果をより良いものにしようとする姿が見られました。

創造性や独創性に秀でており、豊かな表現力を発揮して素晴らしい学級旗を制作しました。人権学習では創意あふれる人権標語を作成し、学級の代表作品として紹介されました。

思い描いたアイデアを表現する力にすぐれており、部活動では体育祭の横断幕づくりや文化祭の看板づくりに尽力し、市立美術館では工夫を凝らしたワークショップを行いました。

気取らない性格で、いつも笑顔で楽しく学校生活を送っています。宿泊学習の出し物では台本制作を担当し、ユーモアあふれた劇を披露することで学年全体を盛り上げてくれました。

生活委員として、日々の服装点検を欠かさずチェックしたり、自主学習ノートの提出率の調査を忘れず行ったりしました。その成果でバッジの付け忘れをする級友の数を減らすことができました。

合唱コンクールでは、どのように歌を改善していけばよいかを友達と協力して考え、一生懸命に歌う姿が印象的でした。本番では、聴き手が感動する歌を完成させました。

生徒会役員として、学校をより良くするためのアイデアを積極的に出し、それらを実行に移すために教師と対話を重ねるなどして実現することができました。

（6）「思いやり・協力」の姿勢がある生徒の所見文

主な行動特性

穏やかな人柄／やさしい態度／友達を手伝う／けんかを仲裁／感謝の言葉を述べる／やさしく声かけ／争いを好まない／いつも笑顔／言葉遣いが丁寧／周囲を考えて行動

穏やかな人柄で、やさしい態度で人と接するので、新しい友達もたくさんできました。親しい友達と**休み時間**に楽しく会話をするなど、○○さんの周りはいつも和やかな空気に包まれています。

授業や**清掃**など何事にも真面目に丁寧に取り組む姿に感心させられます。困っている友達がいれば主体的に手伝うなど、そのやさしく温和な人柄が周囲の信頼を集めています。

学校生活では、常に周囲に思いやりを持って接していました。けんかをしている級友がいると間に入って仲裁するなど、他者に対する気遣いができる○○さんの行動は素晴らしいものがあります。

生活面では、周囲への配慮ややさしさがその人柄に表れていました。困っている級友を見かけると、すぐに声をかけて助ける○○さんの姿勢が、仲間たちにとって大きな支えとなっています。

学校生活では、周囲に対する思いやりを常に忘れずにいました。落ち込んでいる級友を見かけると、やさしく励ます○○さんの存在が仲間たちを支える大きな力となっています。

友達に助けてもらった際には、必ず感謝の言葉を述べています。そのため、感謝の言葉を述べることが当たり前になり、クラスの雰囲気が良いものとなりました。

困っている友達を気遣い、やさしく声をかける場面が数多く見られました。そのため、自分が困っているときに助けてくれる友達も周囲にたくさんいて、良い友人関係が築かれています。

周囲に気を配り、自らすすんで友達を手伝う姿が多く見られました。そのため自分の役割だけでなく、お互いに助け合おうという雰囲気がクラスに生まれました。

学級がより良くなるためにできることはないかと考え、いつも率先して行動していました。困った友達を見かけたときには必ず声をかけ、相談に乗ったり助言をしたりしていました。

風邪などで**委員会活動**や**係活動**ができないクラスメイトに代わって、すすんでその仕事を行う姿がありました。思いやりのある親切な行動に、友達からも感謝されていました。

けがをした友人や荷物をたくさん持っている友人に声をかけ、次の**授業**で教室に運んであげるなど、目の前の人に手を差し伸べる姿がとても素敵でした。そのやさしさで厚い信頼を得ています。

級友に対して常に思いやりを持ち、誰にでもやさしく接する姿勢が印象的です。困っている人を見つけるとすぐに手を差し伸べるなど、周囲の雰囲気を良くするために積極的に行動しています。

運動会では**学級旗制作委員**を引き受け、級友と協力し、クラスのシンボルとなる素晴らしい学級旗を仕上げました。また、作業が遅れている友達を手伝う姿が印象的でした。

争いごとを好まない穏やかな性格で、友達と仲良く学校生活が送れています。クラスや学校生活の中で周囲の人々に対する思いやりを忘れず、友達と協力して活動に取り組んでいます。

気取らない性格で相手の気持ちを考えるやさしさを持っており、多くの友人から慕われています。**体育祭**では組み立て表現実行委員を務め、クラスメイトに**ダンス**の振り付けを丁寧に教えました。

宿泊学習の**実行委員**として、みんなが楽しめるキャンプファイヤーの企画・運営を行うだけではなく、**登山**では全員で登頂することを目標に、友人を励ましながら登頂する姿が見られました。

温厚で周囲の状況に応じて判断し、相手のことを思いやった行動ができるやさしさをもっています。**宿泊学習**では、困っている友人の様子に気を配りながら、楽しくクレープを作りました。

素直な性格で、誰に対してもやさしく接するため、周囲からの信頼は厚いものがあります。**運動会**では**綱引き**に出場し、仲間と協力して懸命に綱を引きました。見事、総合1位に輝きました。

運動会では**大なわとび**に出場し、友達と声を合わせて一生懸命跳びました。本番では、クラス記録となる31回を跳ぶことができ、友達と喜びを分かち合っていました。

いつも笑顔で友達に接し、ユーモアもあり、学級を明るい雰囲気にする存在です。いつも朗らかな態度で行動しているので、友達と良好な関係を築けています。

友達の心情を感じ取る繊細な心を持ち、心遣いをすることができます。また、**言葉遣い**が丁寧で、友達が困っていればやさしく声をかけ、助けることができています。

日頃からよく周りのことに気が付き、友達が不安な顔をしていたり、困っている様子が見られたりしたら自分から声をかけて寄り添う姿が見られました。そのため、友達からも信頼されています。

言葉遣いが丁寧で、感謝の気持ちなどを素直に表現することができます。友達が掲示物を作成していると、それを積極的に手伝うなどとてもやさしい心の持ち主です。

常に友達に対して思いやりを持ち、特にグループ活動ではメンバーの意見を丁寧に聞き入れ、協力的な雰囲気をつくることに貢献しています。困っている友達を助ける姿もよく見られます。

常に周囲への気配りを忘れません。特に**体育**の**授業**では、仲間を励ましながら活動に取り組んでいます。そんな○○さんの思いやりのある姿勢が、クラスの絆を深めています。

友達を思いやる気持ちがあり、特に**音楽**の**授業**では仲間をサポートし、意見を引き出す役割を果たしています。**文化祭**の準備では、皆が協力できるように周囲に声をかけて活動を進めていました。

野外体験活動では、疲れた友達の荷物を持ってあげたり、「頑張れよ」と励ましの声をかけたりしていました。日頃から笑顔で周囲と接することができるのが、○○さんの大きな魅力です。

いつも話す人の方を向いてしっかり話を聞いている姿が印象的です。**班活動**では建設的な意見を述べたり、班員を称賛する言葉が自然に言えたりするなど、周囲にも良い影響を与えています。

学校生活では、常に周囲と協力の姿勢を持って接していました。相手の意見や考えに真摯に耳を傾けることで、級友たちから深い信頼を得ており、○○さんはクラスにとって大切な存在です。

学校生活では、常に周囲に思いやりを持って接していました。級友の誤った行動を見た際には、しっかりと向き合って注意する○○さんの姿勢が、クラスに良い影響を与えています。

生活面では連帯感を重視し、周囲と協力して行動していました。相手を尊重し、クラスに一体感を生み出す○○さんの姿勢は、クラスメイトにとって心強いものです。

仲間と協力して行動しようという姿勢が随所に見られます。**運動会**では運動が苦手な友達をやさしくサポートし、全員が楽しめるようにするなどの行動が見られました。

協調性があり、周りをよく見て行動することができています。**合唱コンクール**では自分のパートだけでなく他のパートの様子も意識しながら、より良い**合唱**ができるように努めました。

友達とお互いに助け合いながら学校生活を送っています。**休み時間**には**授業**でわからなかったことを教えてもらったり、反対に教えてあげたりする姿が見られました。

運動会の「学級全員**リレー**」では、欠席した生徒の代わりを快く引き受け、トラックを颯爽と駆け抜ける姿や一生懸命に級友を応援している姿がとても印象的でした。

協調性があり、控えめながらもしっかりとした考えを持って行動することができる○○さん。**体育祭**の団種目練習では、どうしたらうまくいくのか考ながら取り組むことができました。

いつも周囲の人の気持ちを考えながら行動しています。**宿泊学習**の係決めの際には、自分がやりたい係を主張するのではなく、みんなの意見を聞きながら進める姿が印象的でした。

他者への思いやりが強く、常に周囲の人々を気遣いながら行動しています。クラスや**部活動**では困っている友達に寄り添う姿が見られるなど、皆に頼りにされています。

部活動において、チームメイトと協力しながら目標を達成しようと努力しました。自分の意見を主張しつつも他者の考えを尊重し、チーム全体のために協力する姿が印象的です。

明るく屈託のない人柄で、友達にやさしく接しています。グループ活動では、意見が異なる相手を尊重しながら話し合いを進める姿が見られ、クラス全体の団結力を高めることに貢献しています。

体育祭では、学級対抗リレーや全員リレーで持ち前の俊足を生かして活躍するとともに、リレーの仲間を励ましながらバトンパスの練習に取り組む姿が見られました。

明るく朗らかな性格で、周囲の状況を見て前向きな発言ができます。そのため、**合唱コンクール**に向けた練習では、学級で声をかけ合いながら、協力して取り組むことができました。

欠席した友達のためにプリントを整理したり、翌日の準備物を記入したりするなど、相手のことを考えてやさしく接しようとする姿が見られ、周囲と良好な友人関係が築けています。

合唱コンクールでは、**実行委員**としてより良い**合唱**を目指して友達と話し合い、一生懸命歌っていました。常にクラスのことを気にかけ、本番は素晴らしい合唱になりました。

運動会では**リレー**の選手に選ばれ、クラスのために一生懸命走る姿が印象的でした。本番では1位になることはできませんでしたが、それ以上の達成感があったようです。

硬式テニス部では部長としてチームの雰囲気を良くするために、声を出して部員をまとめました。最後の大会では実力を出し切り、チームを勝利に導きました。

友達の**給食**の食器をすすんで回収したり、教師の手伝いを積極的にしたりするなど思いやりのある行動が印象的でした。そうした行動に、友達からも感謝されていました。

積極的に友達と関わり、時には悩んでいる友達を気遣う姿が見られました。やさしい表情で話を聞くことができるので、クラスメイトからの信頼も厚く、よく感謝されていました。

誰とでも気軽に接することができ、周りから慕われています。困っている友達にさりげなく声をかけたり、すすんで教師や友達の手伝いをしたりするやさしさを持っています。

友達にやさしい態度で接し、特に**美術**の**授業**では仲間の作品を丁寧に褒め、励ます姿が印象的でした。行事の準備では、周囲に手を差し伸べながら、クラスの団結を強めていました。

周囲への気配りが素晴らしく、特に**体育**の**授業**では仲間を励まし、皆が楽しめるような雰囲気づくりに貢献しています。イベントの準備では自ら手を挙げて役割を担い、周囲の信頼を集めました。

常に友達の気持ちに寄り添い、**放課後**の**学習会**では理解が不十分な仲間をやさしくサポートしています。そんな○○さんの姿勢が、クラス全体の絆を深めることにつながっています。

細やかな気配りができ、周囲との調和を考えて行動することができています。**学級委員**として常に全体のことを考え、困っている級友にそっと手を差し伸べるなどの行動が随所に見られました。

友達思いで仲間を大切にし、自分から笑顔で接することで友達も笑顔にすることができています。**休み時間**には、いつも友達の輪に囲まれ、温かい雰囲気で過ごす姿が見られます。

生活面では、周囲に対して思いやりが感じられる行動が随所に見られました。間違った言動をした級友に対して正面から注意できる○○さんの姿勢には、深いやさしさが感じられます。

生活面では、連帯感を大切にし、周囲と協力して行動していました。みんなが打ち解けられる雰囲気をつくり、連帯感を築くことを心がける○○さんは、仲間から信頼を集めています。

生活面では、連携・協力の姿勢を大切にしながら周囲と共に行動していました。自分の信念を持ちながらも、相手の気持ちを考えて行動する○○さんの姿勢に深い感銘を受けました。

部活動では、最上級生として後輩を気遣う様子が見られました。練習ではやさしく技術指導を行い、練習以外の時間では悩み相談にのってあげるなどの姿が見られました。

修学旅行の自由時間の行動計画では、班員と協力して全員が楽しめる計画を立案しました。その成果もあり、当日は終始笑顔でいられる修学旅行となっていました。

友達だけでなく、教師に対するやさしさも見られました。**授業**の荷物を教室まで運んでいるときやプリントを配付するときには、いつも声をかけて手伝ってくれました。

いつも相手への思いやりや感謝の気持ちを持って生活することができています。友達に何かをしてもらったときには、自然と「ありがとう」というお礼の言葉が出てきます。

学級会では意見が割れることもありましたが、さまざまな意見をうなずきながら聞き、折衷案を巧みに提案するなど、○○さんのおかげで共感的で建設的な話し合いをすることができました。

誰にでも分け隔てなく接し、正しいことをしっかりと伝えることができます。クラスのために友達に声をかけたり、率先して行動したりすることができています。

思いやりがあり、自分より他人のために行動できるやさしい心の持ち主で、友達のために自分の時間を割くことを惜しみません。体調不良の級友を陰で気遣うなど、細かい気配りができます。

相手を安心させる笑顔の持ち主で、困っている友達を気遣うことができるので、好感が持てます。柔軟性があり、クラスの状況に応じた声かけができるため、周囲から厚い信頼を得ています。

共感性が高く、相手の気持ちや立場を尊重した言動ができるため、周囲の雰囲気を和らげる存在です。**道徳**や**人権学習**では、心が熱くなる発言で級友の心を動かしました。

他者の気持ちに寄り添い、場面に応じて自分の身の在り方を考えた行動が取れました。友達から相談を持ちかけられたときには親身に接することができるため、周囲からの信頼も厚いものがあります。

誰に対してもやさしく、欠席した友達のためにプリント類を整理したり、翌日の準備物を記入したりするなど、相手のことを思いやった行動が随所で見られました。

友人の話を親身になって聞き、相手が困っていれば声かけや援助ができるため、友人関係が良好です。**清掃**などの当番の活動では、仲間と協力して細部まで丁寧に掃いていました。

運動会では**大なわとび**に出場し、友達と声を合わせて一生懸命跳ぶとともに、周囲を励ます声かけに努力を惜しみませんでした。本番では、練習中の最高記録を更新することができました。

合唱コンクールでは、歌の曲想や強弱について友達と話し合い、改善に努めました。日々の練習から手を抜かず、一生懸命に歌い、本番では素晴らしい歌をつくり上げました。

いつも笑顔で友達に接し、ユーモアもあり、学級を明るい雰囲気にする存在です。各行事でも○○さんの存在は大きく、みんなを励まし、勇気づけてくれました。

困っている友達にすすんで声をかけるなど、持ち前の明るさで周囲に元気を与えることができました。そのやさしさに救われた生徒も多く、周りから慕われています。

周りの友達や環境に対して感謝する気持ちを忘れず、日々を過ごすことができました。特に「**修学旅行**に関わった全ての人たちのおかげで楽しむことができた」という言葉が印象的でした。

いつも明るい笑顔を絶やさず、何事も前向きに捉え、周りの友達と協力して取り組める人物です。**学級委員長**として、クラスをより良くするためのアイデアを出し、実践することができました。

常に友達への気配りを忘れず、特に**部活動**では後輩を積極的にサポートしています。**学校行事**では仲間の意見を聞き入れ、協力して進める姿が印象的でした。

グループ活動では自らすすんで意見をまとめる役割を果たすなど、周囲への気遣いを忘れません。困っている友達に気付いたら、すぐに手を差し伸べる姿が印象的です。

委員会活動では皆の意見を尊重しながら、一人一人に思いやりの気持ちを持って調整役を務めています。**体育の授業**では仲間の成功を心から喜び、励ます姿が見られました。

(7)「生命尊重・自然愛護」の心がある生徒の所見文

主な行動特性　生き物に関心／動物の世話をする／環境への意識が高い／ごみの分別をする／植物に水をやる／動物を保護／水槽をこまめに管理／平和学習に意欲的／自然との共生を意識

生き物への関心が強く、**昼休み**にはいつも理科室のメダカの世話をしています。また、中庭の池の環境保全をするなど、生き物を大切にする姿も数多く見られました。

環境保全への意識が高く、ごみの分別を丁寧に行ったり、こまめに電気を消して節電を心がけたりするなど、さまざまな場面で環境に配慮した行動が見られました。

農園活動の実行委員長として、農園の手入れに励んでいます。**水やり**や雑草処理、水抜きも自らすすんで行い、○○さんのおかげでたくさんの野菜が立派に育っています。

校内につばめの巣を見つけ、新たな生命の誕生を確認した際、つばめの巣の場所を放送で全校生に周知して注意喚起のポスターを作成するなど、生き物に対する愛情ややさしさが見られました。

生き物に対してやさしい心を持ち、教室の観葉植物の**水やり**にも意欲的に取り組んでいます。動植物の観察を通じて命の大切さを深く理解しており、その学びを友達とも共有する姿が見られます。

自然や動植物に対する強い愛護の精神があり、環境保護に対する意識も高く、**委員会活動**のポスター作成や夏休みの**自由研究**などを通じて、周囲にも自然や環境に対する正しい意識を広げています。

教室に迷い込んだすずめを**放課後**の教室で発見した際には、すずめを助けたい一心で、校内にいる友達や教員に援助を頼み、仲間と協力しながらすずめを屋外に逃がしていました。

野菜の栽培を行った際には、多くの野菜を実らせて行事が成功するようにと、季節に合った野菜の選出や**水やり**当番について提案するなど、積極的に活動をすることができました。

心ない言葉が耳に入ったときには毅然とした態度で注意したり、何気ない言葉で傷つけてしまったりしたときにはすぐに謝るなど、相手を傷つけない**言葉遣い**を常に意識しています。

人権学習で世界中で起きているあらゆる差別について学び、差別をする人々に対する怒りを持つとともに、自分の言動を振り返り、学習に生かそうとする姿勢が見られました。

部活動での散水当番になった際には、学校中の花壇に**水やり**を行っていました。花や実が水やりで傷ついかない方法を調べて実践するなど、生命を大切にする感情が育っているようです。

校外の活動では、周囲の草花や樹木などに強い関心を示していました。名前などもたくさん知っていて、積極的に級友に教える姿がとても印象的でした。

魚が好きで、毎日自宅の水槽の管理を丁寧に行っています。命の尊さを深く理解し、その大切さを級友に伝える姿が印象的で、環境保全の重要性についても考えを深めています。

自然を保護する活動に積極的に取り組み、地域の**清掃活動**にも熱心に参加しています。活動で学んだ環境美化の大切さを周囲に伝える姿は、他の生徒の模範となっています。

生徒会の一員として、**入学式**の準備では新入生のためにプランターに花を植えて歓迎する企画を立案し、**ボランティア**参加者の募集や**水やり**の分担などをすすんで行うことができました。

修学旅行の**平和学習**を通して戦争の悲惨さと命の大切さを学び、世界の戦争や紛争に関心を持つようになるなど、自分の生活にも生かそうとする姿勢が見られました。

総合的な学習の時間を通して動物の殺処分の多さに気付き、**授業の**時間以外でも自分にできることを考えるなど、生き物の命の大切さを実感している様子が見られました。

小さなことから地球環境を守ることが重要だと考え、ごみの分別や学校周辺のごみ拾い活動に参加しました。自分にできることから行動に移す姿が、とても素晴らしかったです。

小学校の児童会と協力して、SDGs の「環境問題」について、学校でできることとして「ごみの削減」を考え、紹介ビデオを友達と協力して制作し、校内放送で発表しました。

命の尊厳を重んじ、自然との共生を意識しながら環境を保護する活動に意欲的に取り組んでいます。命の大切さや自然の尊さについて考えたことを全校生徒に発信する姿が印象的でした。

生命の尊さを理解し、毎年自然保護に関する発表を行うなど積極的に活動しています。特に学校周辺の**清掃活動**や地域の**自然保護活動**に友達を引き連れて参加する姿が印象的です。

野菜の栽培では、友達と共に朝早くから畑の様子を見に行く様子が見られました。長雨が続い時期には友達と支柱の傾きを発見し、班員とともに補修をしました。

1 「ポジティブな行動特性」に関わる文例
(8)「勤労・奉仕」の精神がある生徒の所見文

主な行動特性

清掃活動に意欲的に参加／配付物を率先して配る／仕事に率先して取り組む／みんなのために行動／やさしくアドバイス／大変な役割を率先して担う／献身的に働く／係の仕事をしっかりと遂行

自分の役割を確実に果たそうという姿勢が見られます。**清掃活動で**は、自分の担当区域をきれいにするため、時間いっぱい隅々までぞうきんで床を磨いていました。

クラスの配付物がある場合には率先して配ってくれたり、欠席している友達がいたら自発的に役割を交代してくれたりするなど、クラスのために行動する場面が数多く見られました。

農園活動において、いつも最後に片づけ忘れがないか確認をしてくれています。また、農具倉庫の**整理整頓**にも気を配り、次に使う人が気持ち良く使えるようにしてくれました。

プール掃除のとき、汚れていて他の子が二の足を踏むような場所でも率先してきれいにする姿には本当に頭が下がります。仕事を終えたときの笑顔がこの上なく輝いていました。

学校行事やクラスの仕事に率先して取り組んでいます。自分の役割をしっかりと果たし、黙々と作業を進める姿が印象的で、他の生徒の良い手本となっています。

自分の仕事に黙々と取り組み、最後まで丁寧にやり遂げる姿勢に、周囲から好感が持たれています。**清掃活動**では、細かい部分にも気を配りながら校内の美化に努めました。

奉仕の精神が強く、さまざまな場面ですすんでみんなのために行動する姿が見られました。**美化委員**として、清掃用具の整備や点検を丁寧に行い、学級で周知する姿が印象的でした。

教室の**黒板係**を担当し、きれいな状態を維持するために日々黙々と拭き掃除をしました。また、朝の**あいさつ**ボランティアや服装についての校則の検討などにも意欲的に参加しました。

選挙管理委員を務め、開票を行うなど、任された役割に誠実に取り組むことができました。**清掃**では、教室の隅々までぞうきんで丁寧に拭いている姿が見られました。

吹奏楽部では、コンクールに向けて基礎練習やパート練習を重点的に行い、努力を続けました。後輩からの信頼も厚く、頼りにされ、やさしくアドバイスをする姿が見られました。

やさしい心を持っており、友達や教師の行動を見て状況を把握し、的確に手伝うことができます。例えば、配付するプリントが多いときは率先して手伝う姿が見られました。

清掃を丁寧に行い、早く終わったときは積極的に他の掃除場所を手伝うなどの行動が見られました。**大掃除**のときは、掃除すべき場所をあらかじめ考えた上で、献身的に取り組むことができました。

毎日の**清掃**を細かいところまでできたり、**大掃除**のポイントを級友に呼びかけたりすることができました。清掃の後は、整然と清掃道具を並べる姿が見られました。

他の友達が嫌がる役割でも、嫌な顔をせずにすすんで取り組んでくれています。特に**清掃活動**ではトイレ掃除を丁寧に行い、いつも清潔な状態を保っていました。

運動会でテントの設営を行ったり、**合唱コンクール**でひな壇の設営を行ったりするなど、あらゆる場面で体力的に疲れる役割を率先して担ってくれて、周囲の仲間はいつも助けられていました。

　宿泊学習の実行委員を務め、自然体験の企画・運営を行いました。みんなが楽しめるようにと、内容だけでなく環境にも目を配って活動する姿はとても立派でした。

　地域の方と協力して、用水路の**清掃活動**に参加しました。用水路に流れているごみを集め、分別して廃棄するなど、献身的に地域のために働く姿はとても立派でした。

　奉仕の精神が旺盛で、**清掃活動**ではいつも開始時刻前から作業に取りかかり、時間いっぱい最後まで丁寧にやり遂げるので、周囲の生徒の模範となっています。

　奉仕の精神が強く、すすんでみんなのために行動することができました。**技術・家庭科係**として提出物の点検・集配や準備物の連絡、欠席者へ準備物の伝達などを確実に行いました。

　保健委員として1年間、毎朝の健康調査や健康診断の準備などを忘れることなく、責務を果たしました。**身体測定**では測定する順番や移動方法について、事前に学級で周知することができました。

　学級委員長として積極的に動き、日々の連絡事項の伝達や**運動会**や**修学旅行**などの行事においてもさまざまな場面で活躍しました。常にみんなが快適に過ごすことのできるクラスを目指しました。

　英語係として、日々の準備物や宿題を友達に伝え、提出物のチェックなどを欠かさず行いました。また、頼まれた仕事も嫌な顔一つせず、素直に引き受けて最後までやり抜きました。

学級委員長として積極的に動き、日々の連絡事項の伝達や**運動会**や**修学旅行**など、さまざまな場面で活躍しました。運動会では、友達を励ます声かけに努力を惜しみませんでした。

清掃の時間は教室の床をきれいに拭くことができており、自分の役割が終わっても友達に声かけをして、机運びを手伝うなど自主的な行動が見られます。今後もこの行動を続けてほしいと思います。

清掃の時間に担当以外の場所の清掃を積極的に行うなど、時間いっぱい取り組むことができました。他の友達もそれを見て自主的に掃除するなど、クラスに良い影響を与えました。

美化委員会の活動で積極的に呼びかけを行うなど、掃除に集中する環境づくりに努めました。避難訓練の際は上靴を拭くために、あらかじめ濡れたぞうきんを用意するなど役割を果たしました。

部活動では早くに集合して準備をし、活動後の片づけや掃除も率先して行うなど、自分のためだけでなくチームのために行動しようとする姿勢が学期を通して見られました。

修学旅行では**実行委員**としてしおりの原稿作成やスタンツの企画を精力的に行うなど、クラス全員が楽しめて思い出に残る修学旅行になるように尽力しました。

体育祭では用具係として、競技の準備と片づけを一生懸命行いました。仕事が滞っているところをすかさず見つけ、フォローに入る姿からは最高学年としての成長が感じられました。

修学旅行の班の**リーダー**として活動をしました。バスでの忘れ物の確認や宿泊した部屋の清掃をしてから出るなど、細かいところまで気を配るなど献身的な姿が印象的でした。

とても真面目な人柄で、視野が広く細かな気配りができ、学級のために行動することを惜しみません。何か頼みごとをすると、いつも快く引き受けてくれるので、頼りになる存在です。

清掃活動では誰よりも早くから準備し、**リーダー**として熱心に取り組むことができています。**合唱コンクール**では、アルトパートの一員として意欲的に取り組むことができました。

給食では副食のつぎ分けを担当し、少しでも給食が早く始められるように行動しました。片づけの際も素早く行動し、友達と協力する姿が見られ、周囲からの信頼や結束力も高まりました。

清掃では廊下の床拭きを担当し、毎日隅々までぞうきんがけをする姿が印象に残っています。渡り廊下の清掃も友達と協力しながら効率良く作業し、一生懸命磨いていました。

広報委員として熱心に放送原稿を読む練習をし、落ち着いて放送することができました。学校全体で楽しい**給食**の時間になるよう、リクエスト曲の企画も実行していました。

保健委員として石けんの補充を確実に行ったり、衛生管理について呼びかけたりすることで役割を果たしました。**清掃**の時間は、細かいところまで気を配りながら掃除することができました。

ボランティアによる遮光カーテン取り付けの活動に参加し、より良い学校づくりに参画することができました。その結果、集中して**授業**に取り組む環境をつくることができました。

ボランティア活動に積極的に参加するなど自主性があります。**帰りの会**終了後は、カーテンを結んだり、窓の戸締りを確認したりするなど、周りのために行動することができました。

（9）「公正・公平」を意識した行動ができる生徒の所見文

主な行動特性　分け隔てなく接する／全員の意見を尊重／学級全体を考えて行動／公平なルールを考案／裏表のない態度／誰に対してもやさしい／男女関係なくコミュニケーション／公平な態度で審判

体育祭で大なわとびが苦手な級友に対し、文句も言わずに粘り強く練習に付き合い、やさしく丁寧に教えている姿に感動しました。○○さんのおかげで、学級に達成感が生まれました。

誰に対しても分け隔てなく接する姿勢が見られます。特にグループ活動では、意見をまとめる際に全員の意見を尊重し、話し合いがスムーズに進むように努めています。

いつも主体的に行動する姿が周囲から信頼を集めています。**部活動**では**野球部**のキャプテンとしてチームの雰囲気を盛り上げ、後輩を気遣いながらも伝えるべき内容をしっかりと伝えていました。

運動会では、**大なわとび**のなわ回しを担当し、練習から本番まであまり跳べないときも粘り強くなわを回しました。その結果、本番ではクラスの最高記録を更新することができました。

バドミントン部では、後輩の面倒をよく見て丁寧に指導するとともに、自分の技術向上に向けて一生懸命取り組みました。後輩に対してやさしくアドバイスをする姿が随所に見られました。

友達の意見を素直な気持ちで聞くことができます。また、**学級委員長**として何事にもよく気が付き、周りの友達や学級全体のことを考えた言動をすることができます。

男女問わず仲良くでき、**休み時間**や**給食**の時間は笑顔を絶やさずに過ごしています。**宿泊学習**ではスタンツを決める際に、多様な意見を取り入れながらまとめることができました。

クラスマッチではどのクラスも平等な条件で競い合えるルールを考え、みんなに提案しました。「誰もが楽しめるように」と常に周りのことを考えて行動する姿勢は素晴らしいものがあります。

素直な人柄で陰ひなたなく活動し、その場の状況に応じて正しい判断のもとに行動しています。誰に対しても裏表なく接することができ、友達から慕われています。

学級委員として、**朝の会**の身だしなみチェックをするなど、責任を持って取り組みました。**授業**では、話し合い活動で友達の意見を大事にしつつ、自分の意見もしっかりと主張できています。

いつも笑顔で、周囲の友達にやさしく接することができました。**言葉遣い**も丁寧で、礼儀正しく生活していました。誰に対しても分け隔てなく接するので、周囲からの信頼も厚いものがあります。

穏やかな性格で、誰に対してもやさしく接することができました。どんな場面でも冷静で落ち着いているので、○○さんの周囲にはいつも友達の輪ができています。

男女関係なくコミュニケーションを取り、話し合いの活動でも自分の意見を積極的に述べることができます。友達の意見にも真剣に耳を傾けることができています。

とても明るい性格で、誰とでもすぐ仲良くなることができ、周りの友達を元気にさせることもできます。**休み時間**には、趣味の話などで盛り上がる姿も見られました。

体育祭のリレー種目において、際どいゴールの接戦の場面も俯瞰して見て、公平な態度で正しく判断していました。そうした行動で学級の友達から大きな信頼を得ることがきました。

何事にも粘り強く真摯に取り組み、正しい判断に基づいて行動する姿勢は、人を引きつける魅力です。温厚な人柄で、誰に対しても穏やかな態度で接するため、周囲の雰囲気を和らげてくれています。

正しいことをして人間としてより良く生きようという気持ちを強く持っており、行動に裏表がありません。**係活動**や**清掃活動**など、自分に与えられた役割は、最後までその責任を果たしました。

運動会では**大なわとび**に出場し、クラスメイトと協力して声を合わせて跳びました。また、他の種目に出場していた友達に向けて、一生懸命応援を行いました。

清掃では時間いっぱい取り組み、納得できるまできれいにしていました。一生懸命床をぞうきんで磨く姿は、周囲の良き手本になっていて、友達からの信頼や尊敬を集めました。

男女問わず誰とでも公平に接することができ、周りから慕われています。**学級委員長**としてクラスの先頭に立ち、すすんで声かけをすることでより良い方向に導きました。

1〜3年生の縦割り活動において、集団の**リーダー**として自分の班をしっかりとまとめることができました。どの学年の子にも分け隔てなく耳を傾けることができています。

体育の授業で**サッカー**の審判をした際、どちらのチームにも公平な態度で接し、正しく審判していました。そうした行動で、学級の友達から大きな信頼を得ることができました。

1 「ポジティブな行動特性」に関わる文例
(10)「公共心・公徳心」を大切にしている生徒の所見文

主な行動特性
道具をきちんと片づける／みんなが楽しめる行事を計画・実施／自分の役割や立場を理解／運動会でクラスを鼓舞／ルール遵守を呼びかけ／クラス全体をまとめる

昼休みにボールで遊んだ後、自分たちの使ったものを片づけるだけでなく、協力した他の学年が使って乱雑になっているボールをきちんと片づけるなど、全体のことを考えて行動できます。

明るく朗らかな性格で、○○さんのおかげでクラスの雰囲気が良くなります。1学期は**宿泊学習**の**実行委員**として、みんなが楽しめるキャンプファイヤーの企画・運営を行いました。

自分の役割や立場をしっかりと自覚し、責任を持って行動できました。**清掃活動**や週番の仕事を着実に実行するだけでなく、頼まれた仕事も快く引き受け、最後までやり遂げました。

運動会では綱引きに出場し、友達と協力して懸命に綱を引きました。また、**野球部**ではチームの勝利のために、日々のトレーニングや練習などに手を抜かず取り組むことができました。

運動会では**綱引き**に出場し、友達と協力してクラスを鼓舞する声かけを行っていました。また、他の競技に出場する友達に向けて、大きな声を張り上げて声援を送っていました。

宿泊学習では、**班長**として班員に気を配り、**5分前行動**を心がけました。みんなが楽しく活動ができるよう、ルールを遵守をすることを積極的に呼びかけるなどしました。

落ち着いた雰囲気で、誰に対しても礼儀正しく、丁寧な態度で接しています。時と場所をわきまえた**言葉遣い**ができるので、**校外学習**では司会をやり遂げることができました。

学級委員長として「３分前着席」を呼びかけ、できていなければ注意するなど、安心して学習できる環境をつくることができました。そのおかげで学級が良い方向に向かうことができました。

学級会で校外学習でのマナーについて考え、公共の場で自分たちが取るべき行動について考えました。当日は模範となるよう心がけて行動したり、級友に声かけしたりして過ごしていました。

学校生活全般を通じ、節度ある行動ができています。常に周囲との協調を心がけた言動ができるため、周囲から信頼されています。**清掃**に黙々と取り組む姿は他の生徒の模範となりました。

相手の話に耳を傾け、全員で活動しようとする思いを持っています。**清掃活動**においても、自分たちの学校を自分たちできれいにするという意識のもと、時間一杯熱心に取り組む姿が見られました。

運動会では**大なわとび**に出場し、なわの回し手として何度失敗しても根気強くなわを回しました。また、**リレー**の選手に選ばれ、クラスのためにバトンパスの練習などを繰り返し行いました。

合唱コンクールでは、**指揮者**としてクラスの合唱練習に粘り強く取り組み、全体をまとめ上げました。本番では聴く人が感動する歌をつくり上げることができました。

学級委員長として、学級の規律を守るためにすすんで声かけをする姿が印象的でした。**授業**と**休み時間**のメリハリをつけるために、キャッチーなフレーズを提案することができました。

校外学習で訪れた美術館では、場所をわきまえた行動を心がけ、友達と絵画を**鑑賞**する姿が印象的でした。学校生活においても周りの生徒の手本となる言動ができています。

図書委員として当番の仕事を行うだけでなく、利用者のことを考えて図書室でのマナーをポスターにしたり、クラスに呼びかけたりするなどの行動が見られました。

運動会の**大なわとび**についてクラスで話し合いを行いました。その際、クラスメイト同士がもめたときも間に入り、話を聞いてなだめるやさしい○○さんの姿がとても印象的でした。

学校行事に意欲的に参加し、特に**合唱コンクール**では**運営委員**として、学級のために仲間の意見を丁寧に聞きながら練習計画を立てるなど、クラスの活動を支える姿が随所に見られました。

授業中には教員の話を熱心に聞き、ノートを丁寧にとり、内容理解に努めました。また、友達に対してやさしく教えるなどしていたことから、周囲からも信頼されています。

生徒会本部役員として学校をより良くする提案を実行するために、まずは自分が学校のルールを遵守し、周りの生徒にも呼びかけをすることで学校を変えようとする姿勢を示しました。

運動会では**体育委員**として、率先して準備や片づけを行うだけでなく、全員が取り組みやすいような声かけやアドバイスをすることも意識しながらクラスを引っ張りました。

美化委員として清掃用具の確認・補充をしたり、**清掃**開始のチャイムの前から率先して清掃に取り組んだりするなど環境整備に力を入れ、周りの生徒の手本となりました。

新しい生活にも慣れ、毎日を明るく過ごせています。提出物の期限が守れないことがたびたびあるので、ふせんをつけて目立つところに貼るなどの工夫をするよう伝えているところです。

緊張も徐々にほぐれてきました。必要なものを大切なときに見つけられないことがあったので、学用品を置く場所を固定するなど、**整理整頓**の術を身に付けられる方法を一緒に考えていきましょう。

中学校生活のルールになかなか慣れずに生活が落ち着かなかった部分がありました。その中でも徐々に遅刻が減ったり提出期限を守ったりと、できることも増えてきました。今後に期待できそうです。

時々**授業**の準備物や提出物を忘れることがありますが、自分のノートに「何を持ってくるか」「何をいつまでに提出するか」をメモするような習慣が付いたことで、忘れ物が減ってきました。

自分のしたいことに熱中するあまり、**授業**や**全校集会**などみんなで動く活動に間に合わないことがありました。しかし、学期の途中から「切り替え」を意識してからは、時間を守れています。

提出物の期限が過ぎてしまうことがあるので、スケジュール管理の方法も身に付けていきましょう。**早寝・早起き**を習慣にすることで、学校でより楽しく過ごせると良いですね。

2年生になって**言葉遣い**や時間のけじめなどの生活習慣が乱れてきた部分があります。以前はできていたことですので、気持ちの切り替えで本来の姿に戻れると思うので期待してます。

1年生の時と比べて、時間のけじめや**整理整頓**などの生活習慣が改善しました。目標とする姿まであと少しなので、乱れそうになったら改善できるよう目標に向かって一緒に取り組んでいきましょう。

自分の思いを素直に伝えるなど、表現力があります。クラスにはいろいろな人がいる中で、相手の気持ちを考える余裕をもつことができれば、持ち前のやさしさがさらに輝くでしょう。

「成績が下がってきた」という悩みを打ち明けてきて、「生活リズムを整えていこう」と話し合ったことがきっかけとなり、家でのゲームを控えるようになりました。

時間のけじめや**整理整頓**などの課題が時折顔を出しますが、徐々に改善してきています。多くの仲間と楽しく過ごすことはできているので、今の改善の流れを止めないことを期待しています。

進路の決定に向けて学習への意欲が高まってきました。一方で、提出物や**授業**態度で注意されることもありました。生活習慣の安定は学習にも良い効果を与えるので期待しています。

屈託のない発言で周囲を和ませる存在ですが、**授業中**などにもそれが出てしまうことがあります。時と場面に応じた**言葉遣い**や態度を身に付けられるよう意識しながら取り組んでいきましょう。

学校で決められた頭髪や制服のルールを守れていないことがありました。1年生の時にはしっかりできていましたので、もう一度初心に返って下級生の手本になれるようにしていきたいところです。

進路実現のために**家庭学習**に一生懸命取り組んでいますが、最近は遅刻をすることも時々あります。頑張っていることはよくわかるので、一緒に改善する方法を探っていきましょう。

（2）「健康・体力の向上」において課題がある生徒の所見文

中学校に入って急激に生活習慣が変わったことで疲れてしまい、ぐったりすることがありました。食事や睡眠をたっぷりとって、学校生活になじんでいければと思います。

前向きに物事に取り組む姿勢は素晴らしいものがありますが、それを**放課後**の活動まで持続するにはスタミナが必要です。体力を付けるために日常の中でできることを探していくことを期待します。

時折疲れがたまって保健室で休んだり欠席したりすることがあり、心配です。体力が伸びる時期なので、しっかり食事や睡眠をとるよう心がけ、毎日元気な姿を見せてくれることを期待します。

給食が栄養のバランスを考え適切な量を生徒に提供していることを学んでから、「食事に気を付ける」と言い、食べ過ぎや好き嫌いをしないようになってきました。

卓球部に入部後、当初は**ランニング**などの基礎練習に消極的でした。しかし、上級生の姿を見て、上達するためには基本練習や健康管理が大切なことを知り、積極的に取り組むようになってきました。

疲れても懸命に課題に取り組む姿は素晴らしいものがあります。疲れたら無理をせずに休むこと、毎日少しずつでも運動をして体力を付けることが、今後の充実につながると思います。

欠席数が比較的多いですが、**登校**時は明るく前向きに過ごしています。毎日その姿を見られるとうれしいので、健康を意識して毎日を過ごしてもらえたらと思います。

無意識のうちにぼーっとしていることがありますが、無気力と言うより日々を過ごす体力が不足しているように見えます。まずは食事をしっかりととることから始めてみてはどうでしょうか。

授業中に居眠りをしていることがありました。勉強や**部活動**で疲れがたまっているのかもしれません。計画を立てるのは得意なので、それを生かして学習や就寝時間など生活リズムを整えましょう。

夜更かしや朝ご飯を食べないなどの生活でしたが、**保健の授業**を受けてからは、健康に対する意識が高まってきました。**サッカー部**の活動にも、積極的に参加するようになりました。

最上級生として責任ある行動を取っていますが、その結果として体力的にも精神的にも疲れてしまうことがありました。健康に気を付け、今の行動がいつでも出せるとさらに素晴らしいでしょう。

進学や友人関係などで悩んでいますが、それは成長している証しです。健康的な生活をつくり上げることがそれらの悩みを克服する基礎になるので、まずはそこから始めることをお勧めします。

真面目に学習を続けていますが、疲れによってその積み上げが妨げられているように見えます。健康に気を付けて基礎体力を養うことが、学習にもつながることを意識していければと思います。

運動に苦手意識を持っていて、**体育の授業**にも消極的でした。**文化祭**で学級で**ダンス**を披露したことをきっかけに仲間と身体を動かすことの楽しさを感じ、体育の授業にも前向きになってきました。

食事に偏りがありましたが、**保健委員**として**健康観察**に取り組む中で、健康に対する意識が高まってきました。委員会では、「自分の健康を考えよう」という啓発ポスターの提案もしました。

（3）「自主・自律」を意識した行動ができない生徒の所見文

班での**係活動**を確実にこなせるようになってきました。そうした心掛けを続けることができれば、学級での信頼感が高まり、居心地の良さを感じるようになるはずです。

授業に積極的に参加する姿勢が見られます。忘れ物を少しでも減らせるよう連絡ノートに次の日の持ち物を書き取る習慣などを身に付けると、さらに学習効果が高まるはずです。

控え目な性格で、友人の意見を大切にしながら日々行動することができています。次学期は目標を持ってさまざまなことにチャレンジし、自己を高めていきましょう。

当初は計画を立てて学習を進めることが苦手でしたが、最近では自ら目標を立てて**家庭学習**に励むことができています。今後も自学自習を大切にして力を伸ばしていきましょう。

学級活動では、級友と協力し、率先して行動する場面が増えてきました。特に**体育祭**の学年団競技では、技が成功できるように同じグループの人と励まし合いながら練習に取り組みました。

周囲の仲間と細かな対話を大切にする様子が見られました。時間を守ったり、丁寧に役割をこなしたりすると、先輩や後輩からさらに信頼を得られるはずです。

大掃除では、扇風機や傘立てをきれいに洗う姿が見られました。普段の**清掃**でも丁寧な作業を心がけられるようになると、○○さんの良さにさらに磨きがかかります。

控えめな態度ですが、精神的なたくましさや向上心が付いてきており、自分の定めた目標に向かって進んでいく力強さが見られます。今後もこの姿勢を大切にしていきましょう。

自己主張をすることを苦手としていましたが、徐々にクラスにも慣れてきて、最近は友人と建設的な話し合い活動ができています。次学期では、さらにさまざまな場面での活躍を期待しています。

当初は友達と協働することに苦手意識も見られましたが、**運動会**ではリレーに出場し、バトンパスの練習を重ねて1位となりました。この経験を学校生活に生かし、さらなる活躍を期待しています。

保健委員会でみんなをまとめる様子が見られました。委員会までの準備をさらに綿密に行うと、自身に責任感が生まれるとともに、後輩たちからさらに大きな信頼を得られるはずです。

係活動では、自分に与えられた役割を確実にこなすことができました。やるべきことを理解しているので、困っている仲間がいた時に手伝うことができるとさらに良さが光るはずです。

受験生となり、自己を高めるための目標を設定し、周囲に流されることなく黙々と努力する姿勢が身に付いてきました。今後もその姿勢を大切にし、さらに成長してほしいと思います。

部活動を引退して、なかなか勉強に身が入らない時期もありましたが、○○高校への進学を目標に日々努力する姿が見られました。これからも一日一日を大切に過ごしていきましょう。

部活動では、積極的なプレーでチームメイトを鼓舞しました。生活面でも目標を高く持ち、取り組みを一つずつ丁寧に積み重ねることで、○○さんの良さがさらに伸びてくると思います。

（4）「責任感」を伴った行動ができない生徒の所見文

友人と楽しい時間を過ごすのが好きで、当初は自分の役割を忘れてしまうことがありました。しかし、友人と声を掛け合いながら**係活動**を行えるようになり、学級の一員として役割を果たせています。

学期当初は控え目でしたが、学級での話し合いなどでは、自分からすすんで仕事を引き受けることもできました。そのため、周りの生徒からの信頼も厚くなってきています。

探究心が強く、自分の興味があることに一生懸命に取り組むことができます。今後は自分自身を振り返り、苦手なことや自分の役割にも粘り強く取り組めることを期待しています。

休み時間には友達と楽しく会話して過ごしており、たくさんの仲間ができました。良き仲間たちと共に勉強や**係活動**に取り組み、学級全体に良い雰囲気を広げてほしいと思います。

独自の視点を持ち、**授業**中に面白い意見を出してクラスを盛り上げています。今後は並行して責任感を高めるために、日常の小さな役割や**班活動**に積極的に取り組めるようにしていきましょう。

２年生になり、新たな気持ちで良いスタートを切ることができています。自分の言ったことや行ったことに責任を持ち、間違いがあれば素直に改めることもできています。

自分の思いだけで行動することがあり、なかなか級友とうまくいかない時期もありましたが、**体育祭実行委員**となってから学級のことを考えた行動を行えるようになりました。

宿題の提出期限を守ったり、**係活動**の仕事をしっかりと果たしたりするために、どうすべきかを徐々に考えられるようになってきました。自分のすべきことをメモするなど工夫して取り組み始めました。

学年当初は2年生として果たすべき役割について戸惑う様子も見られましたが、次第に自分のことだけでなく、周りのために行動することの大切さを実感することができるようになってきました。

明るい性格でクラスを盛り上げています。仲間との信頼関係をさらに深めるために、小さく見える役割でも積極的に引き受け、責任を持って取り組んでいきましょう。

委員会活動では友人に促されて行動することが多かったですが、**修学旅行**では班長に立候補し、その責務を全うしたおかげで班員が時間を守って行動することができました。

自分の思いを優先してしまい、自分の役割を見失っている時期もありましたが、**部活動**で感謝する気持ちを学んだことで、次第に責任を持った行動ができるようになりました。

自分の考えを全体の場でもしっかりと発言できる芯の強さがあり、周囲も一目を置いています。自分の発言に責任を持ち、行動が伴うようになれば、周囲の信頼もさらに高まると思います。

実行委員に立候補し、積極的に**学校行事**や**学級活動**に関わることができました。その行動力を生かし、最後まで見通しを持って取り組むことができれば、信頼を得ることができると思います。

楽しいアイデアをクラスに提供し、周囲を明るくしています。今後は責任感を高めるために、自分の役割を意識して取り組む場面を増やしましょう。さらなる成長を楽しみにしています。

クラスの中で与えられた役割をきちんとこなそうとする姿勢が見られます。今後はさらに○○さんらしさを出し、ユニークな視点でアイデアも出すようにしていけば学校生活は充実します。

素直で真面目な姿勢が印象的ですが、今後は創意工夫をすることにもぜひ挑戦してほしいと思います。自分のアイデアを少しずつ出せれば、学校生活がより楽しくなっていくことでしょう。

スピーチの構成では、語彙を増やしたり引用文を使ったりして、聞き手を引き込む工夫を取り入れるとより効果的な発表ができるでしょう。次回はこうした点を意識してくれることを期待します。

自分の考えをアウトプットすることに苦手意識があるようですが、友達の話を丁寧に聞くのは得意なので、今後は他者の考えを基に自分の考えをまとめていけるよう共に練習していきます。

グループで活動すると、安心して自分の考えを伝えられます。お互いの良さを認め合う中で、相手の良さに気付いて取り入れたり、自分の表現に自信が持てたりするようになってきています。

真剣に取り組む姿勢は素晴らしいです。贅沢を言えば創意工夫を取り入れることができれば、さらに活動が充実します。次の学期は自分のアイデアを少しずつ表現するよう意識してみましょう。

協調性があり、周囲を思いやる姿勢は素晴らしいものがあります。次の学期は創意工夫をすることにも挑戦し、学校生活をより豊かで充実したものにしていくことを期待しています。

ポスター制作では、テーマをより明確に表現し、内容をわかりやすく伝えるための工夫をするとよい結果が得られます。次回は視点を変えてアプローチできるよう、一緒に取り組んでいきましょう。

自ら新しい提案をすることは苦手としていますが、与えられた役割を忠実にこなすことはできています。自分の長所を生かしつつ、さらに自分を高めていけるよう取り組んでいきましょう。

委員会活動では、学年団での意見交流においてじっくりと考えて意見を発表することができました。良いアイデアを持っているので自信を持って思いや考えを伝えられることを期待しています。

責任感を持って取り組む姿は立派ですが、今後は自分のアイデアを出すことにもぜひチャレンジしてみてください。学校生活がさらに面白くなり、仲間との交流内容も豊かになると思います。

何事も真面目に取り組む姿が見られますが、一工夫を加えることでさらなる飛躍が期待できます。新しい視点やアイデアを少しずつ取り入れるよう意識してみましょう。

夏休みの科学の**自由研究**では、地域の特性を生かしたユニークな発見をするために、より深く考察する姿勢が求められます。次回は新しい視点で取り組めることを期待します。

より効率的な方法を考えるよりも、地道にコツコツと努力することに長けているタイプだと思います。努力は裏切らないので、これからも粘り強く頑張ってくれることを期待します。

自ら物事を探究する姿勢が少しずつ身に付いてきました。特に**総合的な学習の時間**でICTを効果的に活用し、調べたことをまとめて発表する姿に成長を感じました。

（6）「思いやり・協力」の姿勢がない生徒の所見文

自分の意見を持っており、クラスを明るくしています。あと少しだけ周囲への気遣いを意識して、友達に声をかけたり手を差し伸べたりすれば、クラスとの絆がさらに深まるでしょう。

持ち前の明るさでクラスを盛り上げ、存在感は抜群です。周囲と協力する姿勢をもう少し意識してみると、仲間との関係がさらに深まります。さらなる成長が本当に楽しみです。

学校生活では、相手の意見や考えにも耳を傾ける姿勢が鍵となります。これからは、級友の意見にも配慮し、周囲と協力しながら行動することを心がけると、より良い信頼関係が築けるでしょう。

いつも自分の考えを大切にして行動できています。さらに自分を高めていくために、周囲の意見も取り入れながらより自分の考えを洗練させていけるとよいでしょう。

宿泊学習を機に、生活態度の変化が見られるようになりました。**授業**に遅れた際、「遅れてすみません」と言ってから教室に入るなど、礼儀正しさが着実に身に付いてきています。

クラスのムードメーカー的存在で、雰囲気を明るくしています。一つ一つの**言葉遣い**にもう少し気を配り、周囲と協力することを意識すれば、より一層良い関係が築けるでしょう。

個性的な意見を持っており、クラスでも目立つ存在です。思いやりと協力の姿勢をもう少し意識することができれば、周囲との関係が豊かになるでしょう。今後の成長に期待しています。

学校生活では、困っている仲間に寄り添う姿勢が大切です。周囲に声をかけることで、より多くの人が安心感を得られるでしょう。次回は、そのやさしさを発揮してくれることを期待します。

合唱コンクールでは、自分のベストを尽くして歌うことができました。来年はさらに良い**合唱**にするために、同じパートの友達や他パートの友達とも協力しながら取り組んでくれることを期待します。

部活動で後輩が入部したことをきっかけに、下級生に対して思いやりを持って接するやさしい姿が見られるようになりました。これからも先輩として活躍してくれることを期待しています。

自分の考えに基づいて行動し、クラスを活気をづけてくれています。周囲を思いやる行動をより意識することができれば、仲間との絆はさらに深まるでしょう。

意見をしっかりと主張し、周囲をけん引する存在です。少しリーダーシップの強すぎるので、周囲を思いやる姿勢や協力を意識すれば、○○さんの人気はさらに高まると思います。

周囲に対して積極的に声をかけることで、学校生活はより良くなります。一人でいる級友に声をかけるなど、思いやりのある行動を意識すれば、クラスメイトとの関係がさらに良くなるでしょう。

自分が困らないように、さまざまなことに気を配って行動できています。これからはさらに視野を広げて、友達の困りごとに目を向けてみると、自分にとってもプラスになるかもしれません。

体育祭を通して、他者と協力することの大切さを学びました。2学期には**合唱コンクール**があります。みんなと良い**合唱**をつくり上げるために切磋琢磨する中で、さらなる成長を期待しています。

(7)「生命尊重・自然愛護」の心がない生徒の所見文

自然や環境に対する関心があれば、学校生活も充実します。自然や災害に関するニュースに目を向け、自然環境に配慮した行動を心がけることができれば、より良い習慣が身に付くでしょう。

思わず感情的になってしまい、友達と衝突することがありましたが、そうした際もきちんと反省することができています。これからは、衝突しないための**言葉遣い**を意識してみましょう。

農園活動で**水やり**の当番を決めていましたが、級友が自分に代わって水やりをしている姿を目の当たりにし、それ以降は毎日、世話が滞っていないか確認して植物を大切にする姿が見られました。

学期初めは教室の観葉植物の**水やり**当番の仕事に難色を示していましたが、日々植物が成長する姿を楽しみに水やりを行うようになってきました。友達に新芽を紹介する姿が印象的です。

学年団の行事で野菜の栽培を行った際は「多くの野菜が実るように」と、提案された野菜を植えました。**水やり**当番ができないときは、友達に別の日に行いたいと申し出る様子も見られました。

自然や生命に対する理解を深めることが大切です。**理科**や防災の学習を通じて、自然環境やその保全について考える機会を増やし、自然に対する感謝の気持ちを育ててみましょう。

空調管理など、より快適な環境で学習できるように行動しています。これからはさらに一歩進み、自分たちの快適さと環境への配慮の両立という視点で考えてみるとよいでしょう。

校外学習などで目にした自然に、当初はさほど関心を持てない様子でしたが、その場にいたゲストティーチャーから自然保護の話を聞いてからは、自然を大切にする姿が見られるようになりました。

動物が苦手で、学校に盲導犬とトレーナーを招いた際にも近づこうとはしませんでしたが、**授業**で日本における犬猫の殺処分の実態を学んだことで、命の大切さについて考える姿勢が芽生えました。

クラスで飼っている魚の世話にはやや消極的な面も見られましたが、生活記録には自宅で飼っている猫の容姿や特徴が綴られており、ネコの生態について詳しい様子がうかがえました。

学校生活においては、自然や環境に対する興味を高めることが大切です。**理科**や防災の**授業**を通じて、自然環境や環境保全に関心を持つことで、将来的に役立つ知識や視点を得ることができます。

修学旅行の**平和学習**で考えをまとめるのに苦労していましたが、講演者の話を真剣に聞いていました。自分の考えを持つためにも、世界に関心が広がるようアンテナを広げられるとよいでしょう。

中庭の**清掃**をする中で、級友がメダカの卵を傷つけないように池の掃除をする様子を見たことで、池の中の生態系に興味を持ち、自然を大切にする姿が見られるようになりました。

地域の**清掃活動**など、自然を保護する活動にあまり魅力を感じていませんでしたが、友達に誘われて参加した環境保護のイベントがきっかけとなり、自然や環境に対する意識が徐々に高まっています。

新入生のためにプランターに花を植えて歓迎する企画には当初、やや消極的でしたが、生徒会から募集があった「植える花の種類」について、友達を通じて候補を伝えることができました。

（8）「勤労・奉仕」の精神がない生徒の所見文

入学当初は**清掃活動**に消極的でしたが、徐々に頑張る姿が見られるようになりました。清掃活動にかかわらず、自分の役割を再確認し、これからもその調子で励んでくれることを期待します。

繊細な一面があり、集団の中で自分を表現するよりも自分の課題に黙々と取り組む方が得意です。学級の仕事に難色を示していましたが、級友と共に学級のために行動する場面が増えてきました。

担当の**清掃**場所を友人と協力して清掃することができました。清掃時間に遅れてしまうこともありましたが、その分を取り返そうと一生懸命に掃き掃除をしている様子が見られました。

初めのうちは、根気強く掃除をすることに抵抗がありましたが、今では教室の黒板の**清掃**を担当し、きれいな状態を維持するために日々黙々と拭き掃除ができるようになりました。

休み時間から**清掃**に入るとき、すぐに気持ちを切り替えられないときもありましたが、友達からの声かけもあったおかげで、集中して最後まで清掃に取り組むことができるようになってきました。

自分の思いと周りの思いに葛藤しながら生活しています。自分のやりたいことを大切にしつつ、時には周りがやってもらいたいことにも励めるよう取り組み方を共に考えていきましょう。

教師の話を素直に聞き、自分の生活に生かそうとするなど、前向きな姿勢に好感が持てます。自分だけではなく、全体のために何かできることを探そうとしています。

保健委員として１年間、毎朝の健康調査や健康診断の準備を行いました。健康調査の報告が遅くなったときには、代わりに報告を行ってくれた友人にお礼を言い、次の日には報告ができました。

学期の初めは、**係活動**で提出物の回収を忘れることもありましたが、だんだんと仕事に慣れてきたこともあり、今では確実に提出物の回収や伝達事項の連絡ができるようになりました。

早く**清掃**が終わったとき、最初の頃は友達とおしゃべりをすることもありましたが、熱心に取り組んでいる友達の姿を見て、掃除すべき箇所を見つけてすすんで行えるようになってきました。

運動会や**合唱コンクール**では、全力で楽しみながら活躍していました。それらを支える裏方やサポートしてくれる友達にも目を向け、協力しながら役割を果たしていけるとさらに素晴らしいです。

より広い視野で物事を見ることができるようになり、場に応じた行動ができるようになってきました。自分の役割以外にも、学級や全体のために行動しようとしています。

合唱コンクールでは、**実行委員**が計画したパート練習に参加することができました。練習日を忘れて参加できなかったときには、実行委員に後日申し出ることができました。

部活動で後輩の面倒を見ることを苦手としていましたが、コンクールに向けて基礎練習やパート練習を後輩と重点的に行い、努力を続けました。今では後輩からの信頼も厚く、頼りにされる存在です。

地域を**清掃**する**ボランティア活動**に参加し、町がきれいになる様子を見て、今後も積極的にボランティア活動に参加し、より良い町づくりに参画したいという思いをもつことができました。

(9)「公正・公平」を意識した行動ができない生徒の所見文

やってはいけないことについて頭では理解しているようですが、やらないと納得がいかないと、正直に伝えてくれました。少しずつ自制した行動ができるようになっていくことを期待しています。

自分だけの基準で物事を判断することが多かったのですが、徐々に視野が広がり、**班活動**などで意見をまとめる際には全員の意見を尊重する姿勢が見られるようになっています。

部活動後のグラウンドの整備では、自分の役割が終わった後、申し出ずに帰宅することがありましたが、今では先輩や友達に申し出て、他の場所を協力して片づけることができています。

時々注意が散漫になることもありますが、穏やかな性格で誰に対してもやさしく接することができています。だんだんと友達の数も増えるなどして、楽しく学校生活が送れています。

運動会のメンバーを決める際、自分の意見を押し通すこともありました。しかし、その後は友達の意見にも耳を傾けて、全員が納得できるような話し合いになるように心がけました。

宿泊学習では集団の中であるべき姿を考える機会がありました。規則ではなく、マナーやモラルを守って行動することが自分にも集団にも良い影響を与えるということを学んだようです。

友達との関わりにおいて、その場の状況に応じて正しい判断のもとで行動することに難しさを感じていましたが、誰に対しても裏表なく接しようとしています。

朝の会の身だしなみチェックで、ネームや校章を忘れていることに気付いたときには、係である生徒委員に申し出ないことがありましたが、次の日には忘れないように気を付けていました。

運動会の**大なわとび**の練習では記録が伸びず、不安が募る場面もありましたが、クラスメイトと協力して声を合わせて跳びました。また、最後には友達に向けて一生懸命声援を送りました。

合唱コンクールに向けて、うまくいかないときに周りに責任を押し付けることがありましたが、その後はうまくいかない原因を見極め、より良い**合唱**にするためのアドバイスをすることができました。

「自分が正しい」と意見を変えられないことがありましたが、多くの考えを聞くことでより良い考えが生まれる体験ができ、今では広い視野で物事を考えられるようになってきました。

学級や学年団で活動する際、周りの基準と自分の基準とのギャップを感じることもありましたが、誰に対しても穏やかな態度で接し、周囲の雰囲気を和らげようとしています。

係活動や**清掃活動**など、自分に与えられた役割を果たそうとしていました。自分の担当ではない場所で**清掃**を行っていたときには、友達に促され、**美化委員**に自分から報告をすることができました。

全員で分担して**清掃**を行うことが苦手でしたが、今では時間いっぱい取り組み、納得できるまで清掃場所をきれいにすることができています。その姿に周囲の好感も高まりました。

修学旅行の自由行動の計画を立てるときに、周りのことを考えずに自分の思いだけで決めてしまうことがありました。しかし、その後は友達と対話を重ね、より良い計画を立てられました。

(10)「公共心・公徳心」を大切にしていない生徒の所見文

授業や**学級活動**で、自分の考えを発表できています。発表するだけでなく、他者の意見を取り入れたり受け止めたり発表する前に考えを整理したりすると、○○さんの良さはさらに高まります。

学校のきまりや公共のルールを守ることは大切です。学級で決めた目標やルールをすすんで守ることで、クラス全体の一体感が生まれるので、周囲と協力して取り組んでみてくれることを期待します。

自分の役割を理解しています。**清掃活動**や当番の仕事では、自分自身の課題の提出が優先だと判断して活動を友達にお願いする場面も見られましたが、自分の役割については最後までやり遂げました。

集団のために努力することに苦手意識がありましたが、**運動会**では**大なわとび**のなわの回し手として、何度失敗しても根気強くなわを回しました。結果、クラスの自己ベストを出すことができました。

休み時間に使用できるボールの片づけをいつも友達に押し付けていましたが、話し合いを通して当番を決めたおかげで、きちんと片づけをすることができました。

先輩になったことで、自分のことだけでなく周囲のことや後輩のことを考えなければならない機会が増えてきました。今後は先輩としての自覚ある行動を心がけていきましょう。

周囲を見て行動する力がもう少しあれば、○○さんの良さが生きてきます。集団の一員として、自分の行動が周りにどのような影響を与えるかを考え、その視野を広げることを期待します。

清掃活動では、自分が苦手な部分は友達に協力してもらいながら作業することができていました。清掃道具を置き忘れていた際には、反省して清掃道具を元の場所に返却していました。

合唱コンクールでは、**指揮者**としてクラスをまとめることに苦労しましたが、**合唱練習**に粘り強く取り組み、全体をまとめ上げました。本番では、感動する歌をつくり上げることができました。

校外学習先の美術館で、大きな声で会話をしてしまい、周りの人たちに迷惑をかけてしまうことがありました。しかし、その後は静かに**鑑賞**することができました。

休み時間は、いつも友達に囲まれて過ごしています。楽しい時間はあっという間に過ぎてしまいますが、時間を守り、メリハリのある行動を心がけることで、より良い集団に成長できると思います。

社会に出れば、時と場に応じた行動を意識することが大切です。節度ある言動を心がければ、学級全体のマナー向上に貢献することができるので、次の学期に期待しています。

合唱コンクールでは**昼休み**や**放課後**の練習に参加をしました。パート練習日に参加できないことを**実行委員**に伝えずに帰宅してしまった際には、翌日に早めに練習場所に行く姿が見られました。

当初は学習に苦手意識がありましたが、**授業中**には教員の話を熱心に聞き、ノートを丁寧にとり、内容の理解に努めました。また、友達に対してやさしく教えることができました。

修学旅行先の遊園地で、触れてはいけないものに触れてしまい、スタッフに注意されることがありましたが、その後は反省し、公共物を大切にしようとする気持ちが芽生えました。

通知表・指導要録の「学習面の特性」で使える文例

このPARTでは、通知表や指導要録の「総合所見」のうち、「学習面の特性」で使える文例を紹介します。

CONTENTS

◆ 「知識・技能」に関わる文例

特性キーワード 情報整理の仕方を理解／音読のきまりを理解／漢字の成り立ちを理解／表現技能を理解／敬語の使い分けを意識／熟字訓を理解／語種の定義や混種語を理解

【1年】「複数の情報を関連づけて考えをまとめる」では、グラフの項目や数値を分類、比較、関係づけるなど情報の整理の仕方を理解し、課題について多様な考えに触れ、自分の考えを持てました。

【1年】教材「音声のしくみとはたらき」では、日本語の音節に関心を持ち、**50音図**とローマ字表記を見て母音と子音の仕組みを理解し、日本語の音節を正しく数えることができました。

【1年】教材「**故事成語—矛盾**」では、**音読**に必要なきまりや訓読の仕方を理解し、**漢文**の音読を通して**古典**特有のリズムを感じながら、中国の古典の世界に親しむことができました。

【1年】教材「言葉の単位・**文節**の関係」では、言葉の単位や文節の関係を知り、文節には主語や述語、修飾語、接続語、独立語のはたらきがあることなどを理解することができました。

【1年】教材「**部首**の成り立ち」では、**漢字**の部首と意味の関係について知り、「象形・指事・会意・形声・転注・仮借・国字」など漢字の成り立ちについて理解することができました。

【1年】教材「言葉発見」では、比喩・倒置・反復・対句・体言止めなどの表現技法の特徴や効果を理解し、**詩**の**鑑賞**の学習で表現の特徴や効果について自分の考えを持つことができました。

【1年】教材「**方言と共通語**」では地域によって言葉やアクセントに違いがあることを理解し、日常場面と改まった場面での会話で方言と共通語を使い分けることの必要性に気付くことができました。

【2年】「複数の情報を関連づけて考えをまとめる」では、目的に応じて必要な情報をグラフ等から読みって関連づけ、互いの考えを根拠を示しながら交流し合い、考えを深めることができました。

【2年】教材「**敬語の意味と種類**」では、「丁寧語・尊敬語・謙譲語」の意味とはたらきについて理解し、会話や文章を書くときに意識して使い分けることができました。

【2年】教材「**漢詩の世界**」では、漢詩の表現やリズムを理解して読んで味わうとともに、語注を手掛かりに作品を読むことを通して作者の状況を捉え、心情を想像することができました。

【2年】教材「**用言の活用**」では、活用の意味や活用形の種類、用言の種類、動詞の活用の種類などを知り、用言の活用が規則的に変化することを理解し、正しく文章表記ができました。

【2年】教材「**熟語の構成・熟字訓**」では二字熟語の組み立て方にいくつかの種類があることや熟字訓の意味を知り、漢和**辞典**を使って漢字の意味を調べ、語彙を豊かにすることができました。

【2年】教材「**平家物語**」では、歴史的仮名遣いや語句の意味に注意して、冒頭の部分の五音・七音のリズムの良さを味わいながら**音読**し、**古典**のリズムを味わうことができました。

【2年】教材「**類義語・対義語・多義語**」では、類義語・対義語・多義語それぞれの意味や特徴を理解し、国語**辞典**や漢和辞典を使って他の類義語・対義語・多義語を調べることができました。

【2年】教材「熟語の読み」では、音訓や訓音などを組み合わせて読む熟語があることや同音異義語の特徴について理解し、漢字の意味や文脈を考えて適切に使い分けることができました。

【3年】教材「複数の情報を関連づけて考えをまとめる」では、情報の信頼性の確かめ方を理解し、広告の読み比べの学習で信頼性が高いかどうかを比較し、自分の考えを広げることができました。

【3年】教材「辞書の語釈」では、国語辞典の語釈を理解し、国語辞典を活用して「かける」のような多義語の語釈と用例を参考に、それぞれの語釈にあった別の用例を作ることができました。

【3年】教材「論語」では、漢文の響きやリズムに注意して読み、孔子のものの見方や考え方に触れ、「論語」の言葉をきっかけにして生き方や学び方について自分の考えを持つことができました。

【3年】教材「和語・漢語・外来語」では、語種の定義や混種語について理解し、語種によって意味や用法、表現全体から受ける印象が変わることを知り、状況に応じた表現を選ぶことができました。

【3年】教材「慣用句・ことわざ・故事成語」では、古くからの言い習わしや故事に関心を持ち、これらの言葉を引用すると説得力が増すことを知り、文章を書く際に多用することができました。

【3年】教材「和歌の世界」では、三大和歌集の特徴を知り、和歌のリズムと区切れに注意して繰り返し音読し、和歌の形式や技法について理解し、その効果に気付くことができました。

【3年】教材「言葉の現在・過去・未来」では、時間の経過による言葉の変化や世代による言葉の違いを理解し、古典の「微妙なる」と現代の「微妙な」に違いがあることに気付くことができました。

【3年】教材「**四字熟語**」では、四字熟語の由来に関心を持ち、漢和**辞典**を活用して四字熟語を集め、その構成について理解し、語彙を増やしながら適切に使うことができました。

【1年】**漢字**の音と訓の分類に苦心しましたが、中国の発音をもとにしているのか、日本の言葉をあてた読み方かで分けられることを知り、同音異字、同訓異字の問題も解けるようになりました。

【1年】日頃、文と文の意味のつながり方をへの意識が弱い場面も見られましたが、教材「接続する語句」で順接、逆接などの種類と特徴について理解し、正しい文章が書けるようになりました。

【1年】日頃、**古典**の世界を想像して**音読**する機会があまりありませんが、教材「竹取物語」では、古典特有のリズムで繰り返し音読することで、「竹取物語」の世界に浸ることができました。

【2年】日頃、**用言**の活用の変化を意識していない場面もありましたが、教材「用言の活用」で用言の活用が規則的に変化していることを知り、正しい表記を意識するようになりました。

【2年】日頃、**熟語**の使い分けをあまり意識できていませんでしたが、教材「熟語の読み」で発音は同じでも意味が異なる熟語があることを知り、漢字の意味や文脈を意識するようになりました。

【2年】日頃、**敬語**を使って話したり書いたりする機会が少ないですが、教材「敬語の意味と種類」では、相手に合わせた言い方を理解して、敬語を使い分けることができました。

【3年】教材「おくのほそ道」では当初、歴史的背景に注意しながら**古文**を読むことに苦心しましたが、徐々に作者のものの見方や考え方などに触れ、その世界観に親しむことができました。

【3年】教材「相手や場に配慮した**言葉遣い**」では、**敬語**にも目的やはたらきに応じた使い方があることを知り、相手を想定して感謝の気持ちをどのように伝えるか考えることができました。

【3年】日頃、意味が通る文になるように語句を無意識で選んでいますが、教材「表現につながる**文法**」では、場に合った使い方か、より自然な文になっているかを意識して語句を選んでいました。

◆「思考・判断・表現」に関わる文例

相手に伝わるよう構成／表現を工夫して発表／機器を効果的に活用／表現や構成を工夫／聞き手の反応に応じて話す／根拠を明確にして表現

【1年】教材「話題や展開にそって話し合いをつなげる」（話す・聞く）では、話し合いをつなげるための方法を理解し、記録したり質問したりしながら自分の考えをまとめることができました。

【1年】教材「必要な情報をわかりやすく伝える」（書く）では、集めた材料を目的や意図に応じて整理し、読み手の立場に立って行事案内リーフレットを作成しました。

【1年】教材「構成を工夫して魅力を伝える」（話す・聞く）では、自分の考えが明確になるように**スピーチ**の内容を構成し、聞き手に伝わるように工夫して話すことができました。

【1年】教材「根拠を明確にして考えを述べる」（書く）では、自分の考えが読み手に伝わるよう根拠を明確にし、表記や語句の使い方、叙述の仕方を確かめて文章を整えて書くことができました。

【1年】教材「玄関扉」（読む）では、事実と意見との関係について叙述をもとに区別して捉え、要旨を把握し、自分の考えを200字程度でまとめることができました。

【1年】教材「字のない葉書」（読む）では、場面の展開や描写など を結び付けて内容を解釈し、登場人物の行動描写などから人物像や 心情の変化に気付き、ノートにまとめることができました。

【1年】教材「少年の日の思い出」（読む）では、登場人物の相互関 係や心情の変化について描写をもとに捉え、過去を回想する語り手 の視点から表現の工夫に気付き、自分の考えを発表しました。

【2年】教材「プレゼンテーション」（話す・聞く）では、聞き手に 内容の価値や魅力が伝わるように論理の展開や話の構成を考え、資 料や機器を効果的に活用して伝えることができました。

【2年】教材「グループディスカッション」（話す・聞く）では、話 し合いのこつを見つけ、グループで実際に話し合ってみて、「話し合 いのこつ」のうち効果的なものを見つけることができました。

【2年】教材「手紙・メール」（書く）では、手紙の形式を踏まえて 相手に伝えたい事柄や気持ちがわかりやすく伝わるように読み手の 立場に立って読み返し、文章を整えて書くことができました。

【2年】教材「投稿文」（書く）では、共生社会の実現に関する情報 を収集整理して自分の考えをまとめ、自分の意見と根拠を明確にし て説得力のある投稿文を書き、交流することができました。

【2年】教材「人間は他の星に住むことができるのか」（読む）では、 主張と例示との関係に着目して読み、問いに対する筆者の「答え」 について自分の考えをまとめることができました。

【2年】教材「セミロングホームルーム」（読む）では、登場人物の 関係や言動から人物設定の仕方を捉え、表現や構成の工夫について 考え、自分の考えを文章にまとめることができました。

【2年】教材「走れメロス」（読む）では、登場人物の言動から人物像とその変化を読み取り、「心内語」などの表現の特徴や工夫について気付いたことを話し合うことができました。

【3年】教材「パブリックスピーキング」（話す・聞く）では、聞き手を説得できるように論理の展開や話の構成を考え、聞き手の反応に応じて表現や話し方を工夫することができました。

【3年】教材「**グループディスカッション**」（話す・聞く）では、話し合いのこつを見つけ、グループで実際に話し合ってみて、話の展開を予測しながら聞き、自分の考えを広げることができました。

【3年】教材「ポスター」（書く）では、自分の考えが伝わり、説得力を高めるポスターにするためにはどのような資料の引用がよいのかを考えて生活の課題をまとめることができました。

【3年】教材「観察・分析をとおして評価する」（書く）では、読み手を説得できるような論理の展開と構成を考えて**批評文**を書き、工夫点や改善点を交流して評価することができました。

【3年】教材「間の文化」（読む）では、文章の構成や論理の展開の仕方を捉え、日本文化の特徴と西洋文化の特徴を比較し、日本文化について自分の考えを深めることができました。

【3年】教材「握手」（読む）では、**小説**の構成や場面の展開の仕方を捉え、過去を回想する語り手の思いを読み取り、それに基づいて自分の考えを文章にまとめることができました。

【3年】教材「故郷」（読む）では、登場人物の心情と描写との関連や人物設定などの表現の特徴や工夫に気付き、作品に表れているものの見方や考え方について自分の考えを文章にまとめました。

【1年】話し手の意見を聞いた上で質問をすることを躊躇していましたが、教材「ブッククラブ」（話す・聞く）では本を選んで読んだ後、心に残ったことなど自分の意見を伝えることができました。

【1年】自分の思いを表現することが苦手でしたが、教材「思いや発見をリズムに乗せる」（書く）では日常生活の中から題材を決め、感じたことが伝わるよう表現を工夫することができました。

【1年】登場人物の相互関係や心情の変化について、描写をもとに捉えることが苦手でしたが、教材「空中ブランコ乗りのキキ」（読む）では、主人公の判断や行動について発表できました。

【2年】教材「構成を工夫して考えを伝える」（書く）では、自分とは異なる意見の読み手にも伝わる文章を書くことに苦心しましたが、構成を工夫して**論説文**を書くことができました。

【2年】教材「ビブリオバトル」（話す・聞く）では、友達に紹介したい本を選び、聞き手に本の魅力が伝わるように話の構成を考えるのに苦労しましたが、時間内に発表することができました。

【2年】教材「動物園でできること」（読む）では、「主張と例示との関係に着目した筆者の主張の把握」や苦手意識が見られた「教材と自分の知識や経験と関連づけた考えの表現」にも取り組めました。

【3年】教材「条件に応じて説得力のある文章を書く」（書く）では、字数や段落構成などの条件に応じて文章を書くことに苦心しましたが、何度も推敲を重ねて**課題作文**を書くことができました。

【3年】教材「ブックトーク」（話す・聞く）では、友達に紹介したい本を選び、ポイントを絞ってシナリオを考えることに苦労しましたが、自分の考えが伝わるように言葉を選んで紹介できました。

【3年】教材「フロン規制の物語」（読む）では、フロンの「すぐれた性質」と「隠れた性質」を読み取り、当初は関心の薄かった科学と社会の関係について自分の考えを広げることができました。

◆ 「主体的に学習に取り組む態度」に関わる文例

 積極的に意見を交流／見通しを持って活動／自らすすんで音読／詩のリズムを感じながら音読／自分の考えを発表／人間や社会に関心

【1年】教材「一年間の自分とクラスを振り返って」では取材して集めた情報を編集会議によって整理し、読み手の立場に立ってレイアウトを決めて記事を書き、推敲を重ねて新聞を完成させました。

【1年】教材「体験に向き合い意味づける」では、日常生活の体験の中から題材を決め、表現したいことを明確にして読み手の印象に残るような随筆を書き、互いに評価し合いました。

【1年】教材「変わり身の上話」では、「吾輩は猫である」をヒントに自分が身の回りの身近なものになりかわり、その特徴や雰囲気を主体的に考えて表現し、聞き手に伝えることができました。

【1年】教材「クジラの飲み水」では「クジラがどのように水分を得ているのか」という疑問を解き明かす筆者の表現の工夫に意識を向け、どうすればわかりやすく伝えられるか主体的に考えました。

【1年】教材「朝のリレー」では、**詩**の構成や表現の効果を考えながら情景を想像して**音読**し、詩を読んで感じたことや想像したことをすすんで交流することができました。

【1年】教材「竜」では、擬態語などの表現の工夫に着目して読み、主人公の心情の変化などを表す効果などをすすんで考え、擬態語の言い回しを工夫しながら**音読**することができました。

【1年】教材「トロッコ」から、すぐれた表現で表された情景描写や場面の展開から主人公の心情の変化に気付き、友達と積極的に意見を交流することができました。

【2年】教材「情報誌」では、積極的に伝えたい地域の魅力についてグループで話し合い、情報の収集やレイアウトの検討など見通しを持って情報誌を作ることができました。

【2年】教材「名づけられた葉」では、すすんで**詩**のリズムを感じ取りながら**音読**し、詩に込められた作者の思いを捉えて、自分の考えたことをノートにまとめることができました。

【2年】教材「**短歌の世界**」では、「短歌十首」の中から印象に残ったものを選び、どんな情景や心情が詠まれているかをすすんで見つけ、考えたことを文章にまとめることができました。

【2年】教材「壁に残された伝言」では、筆者の初めて「伝言」を見たときと取材を進めた後の見方や思いをすすんで比較し、筆者の考えの変化に気付くことができました。

【2年】教材「枕草子・徒然草」では、自然や人間に対する筆者のものの見方や感じ方を捉え、古人の心情を現代の自分たちとすすんで対比させ、共感できることを見つけることができました。

【2年】教材「大阿蘇」では、音や色、動きや広がりを思い浮かべながら、目の前に描かれたダイナミックな自然の情景を想像し、すすんで**音読**することができました。

【2年】教材「小さな手袋」では、登場人物の人物像と相互関係を捉え、時間の流れと主人公の言動に着目し、積極的に主人公の意図や心情を読み取ろうとする姿勢が見られました。

【3年】教材「岩が」では、**詩**に描かれた情景を想像しながら読み、詩に込められた作者の思いを捉えて、自分の意見をグループで発表することができました。

【3年】教材「**俳句の世界**」では、「俳句十句」の中から印象に残ったものを選び、すすんでどのような情景や心情が詠まれているかを見つけ、気付いたことや考えたことを文章にまとめました。

【3年】教材「希望」では、筆者の見方に着目して読み取り、筆者の考えを捉え、「希望」の意味についてすすんで話し合い、自分の考えを広げたり深めたりすることができました。

【3年】教材「谷間の君へ」では、筆者の中学時代の読書体験を読み、すすんで人間や社会などについて自分の考えを持ち、本の選び方の視点など学習したことを読書活動に生かすことができました。

【3年】教材「**和歌の世界**」では、印象に残った和歌を選び、和歌が詠まれた背景を想像しながら情景や心情を読み取り、積極的に意見を交流しようとしていました。

【3年】教材「**漢字一字で表現すると**」では、日常生活や社会生活を振り返って今年1年を表す漢字一字について考え、**辞典**をくまなく参考にするなどしていました。

【3年】教材「情報社会に生きる」では、情報と情報との関係に注意して内容を読み取り、どのようなメディアリテラシーを身に付けなければならないか、積極的に話し合うことができました。

【1年】教材「レポート」では、身の回りのことからテーマを決め、調べて集めた情報を整理し、引用の書き方にも注意して伝えたい内容をレポートにまとめる姿勢が出てきました。

【1年】教材「それだけでいい」では、繰り返される表現を意識して**音読**し、**詩**の中の言葉を丁寧に捉え、それぞれの連の共通点と相違点を見つけて話し合う姿が見られるようになりました。

【1年】教材「意味と意図」では、必要な情報に着目して文章を要約することに苦心しましたが、文章を繰り返し読むことで筆者の意見を捉えることができ、それに対する自分の考えをまとめました。

【2年】教材「創作文」では、今まで学習した物語や**小説**をもとにして、続編や番外編などの創作コースを選び、その作品の魅力や特徴が伝わるように粘り強く書けるようになってきました。

【2年】教材「100年後の水を守る」では、文章と図表を結び付けて筆者の考えを捉え、「水問題」について友達の意見を聞いて、自分の考えを広げられるようになってきました。

【2年】教材「那須与一」では、慣れない歴史的仮名遣いや語句に苦労しましたが、現代語訳を手がかりに情景を想像しながら粘り強く取り組み、**音読**では**古典**のリズムを味わおうとしていました。

【3年】教材「初恋」では、なじみの薄い文語定型詩のリズムでの**音読**でしたが、粘り強く音読を繰り返し、描かれている作者の思いを捉え、作品を味わうことができました。

【3年】教材「『文殊の知恵』の時代」では、筆者の主張を捉え、これからの社会でどんな力が必要か、友達の意見を聞くなどしながら自分の意見を持つことができました。

【3年】教材「坊ちゃん」では、すぐれた作品の言葉の使われ方や人物の描かれ方に注意して読み、気に入った場面を自ら選んで**音読**し、その表現の特徴について発表していました。

「学習面の特性」で使える文例
② 社会 に関わる所見文

◆「知識・技能」に関わる文例

特性キーワード　各国・都市の位置を緯度・経度で理解／各気候の特色を理解／四大文明について理解／農林水産業の特色を理解／民衆文化の歴史的変遷を理解／三権分立を深く理解

【1年】「緯度と経度」の学習では、緯度は赤道を、経度は本初子午線を基準に定められていることを理解し、**地球儀**や世界**地図**を見て各国・都市の位置を緯度・経度を使って表すことができました。

【1年】世界の気候の学習では、ケッペンの**気候図**をもとに五つの気候帯の分布に着目し、景観写真と雨温図をもとに気温と降水量を関連付けて各気候の特色を読み取り、まとめていました。

【1年】アジア州の学習では、五つの地域に区分されるアジア州は、主題図からさまざまな地形・気候・土地利用・民族・宗教・言語が見られることに気付き、多様性を理解することができました。

【1年】オセアニア州の学習では、オーストラリアの歩みを調べ、近年は白豪主義を改めアジア諸国との結び付きを強め、多文化社会へと変化してきていることを理解することができました。

【1年】教科書巻末の**年表**を見て、年表中に表記されている西暦・世紀、元号、時代の由来・意味を理解し、時期や年代を表す歴史のものさしを習得することができました。

【1年】「古代文明」の学習では、当時の建造物や金属器などの遺跡・遺物、壁画・文書などの史料から四大文明のおこりと分布、各文明の特色について理解することができました。

【1年】奈良時代の学習では、復元図・復元品（予想）、木簡に記された文字から、貴族・民衆の暮らしぶりの違いや民衆に課せられた重い負担について理解することができました。

【2年】校区を含む国土地理院地図（2万5千分の1地形図）を活用して地図記号と縮尺を理解し、2点間の実際の距離を求め、等高線から断面図を描き、地域の様子を読み取ることができました。

【2年】「日本の農林水産業」の学習では、各産業に関する主題図やグラフを読み取り、地形や気候に合わせて工夫されている日本の農林水産業の特色と課題について理解することができました。

【2年】九州地方の学習では、シラス台地の分布や温泉地の宿泊数（主題図）から火山が人々の生活や産業に及ぼす影響をまとめ、災害対策とともにその恵みについて理解することができました。

【2年】中部地方の学習では、冬の積雪のために北陸は水田単作地帯であり、屋内で作業ができる織物や漆器、工芸品を作る地場産業が発達してきたことを理解することができました。

【2年】「鉄砲とキリスト教の伝来」の学習では、鉄砲とキリスト教それぞれの伝来の時期・経緯・背景・広がりを調べ、それらがその後の日本に与えた影響について理解を深めることができました。

【2年】「江戸時代の身分と暮らし」の学習では、絵画や文献などの史料を読み取り、武士・町人・百姓などから成る身分制度と、同じ身分でも階層の差があったことを理解することができました。

【2年】「化政文化」の学習では、生産力の向上に伴い民衆の暮らしが豊かになる中ですぐれた文学・絵画が生まれ、歌舞伎や落語などの民衆の娯楽が人気を集めたことを理解することができました。

【2年】「産業革命と資本主義」の学習では、当時の資料をもとに産業革命で大量生産できるようになった一方で、児童を含む労働者が劣悪な環境で働かされるようになったことをまとめていました。

【3年】「第二次世界大戦と日本」において、当時の新聞記事等を見て、日本が進めた戦争の経過と戦時下の動員体制、被害状況を調べ、戦時下の国民生活の様子をまとめることができました。

【3年】「戦後日本の出発」の学習では、当時の映像からGHQの占領政策の下、日本国憲法の制定、財閥解体、農地改革が行われ、非軍事化・民主化が進められたことを理解することができました。

【3年】現代社会に関する学習で、統計資料や写真などをもとに少子高齢化・情報化・グローバル化の3点について、現状と課題、今後の見通しを理解し、まとめることができました。

【3年】憲法に関する単元では、憲法が保障する基本的人権について人権条項（10〜40条）を精読し、自由権・社会権・平等権・参政権などに分類し、その内容を理解することができました。

【3年】政治単元の学習では、新聞報道の事象が国会（立法）・内閣（行政）・裁判所（司法）のうちのどの仕事（権限）なのかを調べ、各機関の仕組みと三権分立について理解を深めました。

【3年】経済単元では、最近の消費生活から家計（消費）・企業（生産、流通）・国や地方公共団体（財政）の相互関係によって経済活動が行われていることを理解することができました。

【3年】経済単元では、労働トラブルの事例を通して労働者の権利を守る労働基準法があり、労働者が組合を結成して経営者と対等に交渉する権利が保障されていることを理解することができました。

【3年】国際社会の単元では、景観写真や映像などの資料から酸性雨・オゾン層の破壊・砂漠化・海洋汚染・気候変動など地球規模の環境問題の現状と解決のための取り組みについてまとめました。

【1年】**地球儀**を使って、赤道を基準に南北に平行した緯線、本初子午線を基準に東西に分ける経線について説明したことで、北緯・南緯、東経・西経の意味を理解できるようになりました。

【1年】雨温図の読み取りが苦手でしたが、東京の気候データをもとに雨温図を作成し、棒グラフから降水量の変化を、折れ線グラフから気温の変化を、読み取ることができるようになってきました。

【1年】日本の原始社会の学習で、縄文と弥生を区別できていませんでしたが、稲作と定住という観点から振り返り、縄文と弥生の共通点と違いについて理解することができるようになりました。

【2年】等高線の間隔と傾斜の関係について理解が不十分でしたが、実際に2点間の直線の断面図を作ってみたことで、等高線の間隔が狭いと傾斜が急で、広いと緩やかだと理解することができました。

【2年】主題図とグラフ・表を結び付けて考えることに課題がありましたが、複数の資料から読み取ったことを図式化して、事象の特徴と背景・要因を考えることができるようになりました。

【2年】江戸時代の文化の学習では元禄文化と化政文化を混同しがちでしたが、それぞれの文化の担い手と中心となった都市を調べてその違いを理解し、それぞれの代表的な作品をまとめることができました。

【3年】戦後史の流れが十分につかめていませんでしたが、主な出来事を示す画像（写真やイラスト）を使って整理することで、戦後の大まかな流れを理解することができるようになりました。

【3年】憲法に関する単元では、日常生活場面が憲法のどの条文と関係するのか考えることで、個人が豊かに過ごせるように基本的人権が保障されていることを理解できるようになりました。

【3年】経済単元では、新聞折り込みのちらしを調べて、同じ商品でも店や季節によって価格が違うことに気付き、市場経済と価格の決まり方について理解を深めるようになりました。

◆ 「思考・判断・表現」に関わる文例

世界各国の衣食住について調査／自らの歴史的な見方を発表／各地の伝統行事について発表／歴史的な出来事についてまとめる／人権問題について発表

【1年】「地球儀と世界地図」の学習では、地球儀と世界地図を比べて距離や面積、形、方位などの違いとそれぞれの特色をまとめました。地球儀を使って実際の距離と方位を表すことができました。

【1年】地球は1日（24時間）で1回転（360度）自転していることから経度15度につき1時間の時差が生じることを計算し、旅行先や日本との時差を求めることができました。

【1年】「世界各地の衣食住」の学習では、主題図をもとに調べた世界各地の衣食住の様子を自然環境との関わりから考えたことや近年の変化について発表することができました。

【1年】南アメリカ州の学習では、資料をもとにブラジルにおける産業の発達の様子をまとめ、今後は開発・環境保全いずれを重視していくべきか、自分の考えを発表することができました。

【1年】単元のまとめとして絵画や文書史料の読み取り、前後の時代との比較、事象と事象の関連、現在とのつながりなどの視点に立って各時代の特色を捉え、自身の考えを述べることができました。

【1年】元寇（モンゴル軍の襲来）の学習では、元のねらいと鎌倉幕府の姿勢、防備や元軍の構成などを調べ、元軍を撤退させることができた要因・理由を自分なりに考え、発表することができました。

【1年】武士・貴族・寺社勢力・農民などのうち、中世で大きく力を付けたのはどの身分かというテーマで話し合ったときに、理由・根拠を示して自身の考えを発表していました。

【2年】中国・四国地方の学習では、山間部や離島で過疎化・高齢化が進む中で各地域でどのような地域おこしが行われているのかを調べ、成功例と課題についてまとめ、自身の考えを発表しました。

【2年】中国・四国地方の学習では、高速道路網の整備が進み、特に本州四国連絡橋の開通によって人々の生活や産業がどのように変化してきたのかをまとめ、発表することができました。

【2年】関東地方の学習では、主題図や景観写真から東京大都市圏の過密ぶりをまとめ、その解決に向けてどのような取り組みが行われているかを調べ、今後の重点を考え、まとめることができました

【2年】東北地方の学習では、保存・継承されている祭りなどの伝統行事について調べ、どのように伝統文化を生かして観光業をはじめ各産業を発展させようとしているのかを考え、発表しました。

【2年】江戸時代、民衆は豊かだったのか貧しかったのかというテーマについて、これまでに学習してきた内容を振り返り、筋道を立てて自分の考えをレポートにまとめることができました。

【2年】幕末期、江戸幕府は開国すべきだったのか攘夷を実行すべきだったのか、日本を取り巻く国際情勢や国内の動きなどを調べて、自身が判断して考えたことをまとめることができました。

【2年】「欧米における近代化」の学習で、17〜19世紀の主要な欧米諸国の動きをまとめました。欧州で国民意識がどのように定着して国家として統一していったのか考えることができました。

【3年】明治新政府による国づくりにとって最も重要だったのはどの政策であったのかというテーマで話し合った際、根拠を示して自身の考えを主張することができました。

【3年】太平洋戦争が長期化する中、日本ではなぜ多くの国民が戦争に協力したのか、当時の社会状況からその理由・要因を考え、新聞記事や日記などの資料からそれを確かめることができました。

【3年】現代社会の単元では、**合唱コンクール**において学級が行う練習場所の割り当てを考える際、グループで「対立」と「合意」という考えを用いて話し合い、決定することができました。

【3年】人権に関する単元では、障害者を取りまく状況が現在どのようになっていて今後どうしていくべきかを話し合ったときに、自身の見聞や体験をもとに意見を発表していました。

【3年】政治単元では、A市における道路の拡張計画を支持するのか否かという問いに対して、「効率」と「公正」という考えを用いて自分なりに考え、発表することができました。

【3年】経済単元では、社会保障の在り方について話し合いました。その際に具体的なデータを示して社会保障を拡大すべきであるという自身の意見を述べることができました。

【3年】国際社会の単元では、地球温暖化に対してどのような対策を取るべきか、再生可能エネルギーの利用と森林保護という視点に立って自身の考えをレポートにまとめていました。

【1年】時差の計算に苦手意識がありましたが、日本（東経135度）と時差を求めたい地点の経度差から時差が求められることを説明したことで、2地点間の時差を計算することができるようになりました。

【1年】オセアニア州の学習では、建国以来の移民政策の変更を参考にするようにという助言を踏まえ、オーストラリアの人種・民族構成の変化とその特徴について考えるようになりました。

【1年】平安時代はどんな社会であったのか考えあぐねていましたが、政治の流れと対外関係の変化に着目するように助言したところ、貴族と農民を中心にして社会の様子を考えることができました。

【2年】地方別の学習の初めに各地方に見られる課題について注目する視点（中核となる項目）が明示されると、単元全体の学習を見通しながら、課題解決の道筋を考えるようになってきました。

【2年】北海道地方の学習では、利雪とエコツーリズムの視点で自然環境と人々の生活の関わりを考えるよう助言したところ、自然環境が人々の生活に与える影響を考えられるようになりました。

【2年】「江戸幕府」の学習では、大名の配置をもとに考えるようにという助言を踏まえ、幕府領の広さ、鉱山の支配、大名統制の巧妙さに気付き、幕藩体制の仕組みを考えることができました。

【3年】明治維新をどのように評価するかを考える学習で、最初は事業の内容を羅列するだけでしたが、各事業の目的と結果を一覧表にまとめることで総合的に考えられるようになってきました。

【3年】憲法に関する単元では、名誉棄損や感染症による出席停止など示された事例を踏まえ、公共の福祉と人権の制限の関わりについて深く考えることができるようになりました。

> 【3年】政治単元では、国会・内閣・裁判所間でそれそれに抑制し合う権限をまとめた図式から、日本の三権分立の仕組みと国民の政治参加についてまとめ、発表することができるようになりました。

◆「主体的に学習に取り組む態度」に関わる文例

特性キーワード　各国の位置・面積・人口などを意欲的に調査／歴史学習の意義を理解／発展的な学習に取り組む／歴史的事象を自主的に調査／工夫したレポートを作成

> 【1年】「国名と位置」の学習では、自身の好きな文化・芸術・スポーツや映画・物語の舞台を手がかりに、その国の位置・面積・人口・産業の特色などを意欲的に調べ、まとめようとしていました。

> 【1年】日本政府や北海道庁が発信している北方領土問題に関する情報をもとに歴史的経過を整理し、これまでの日ロ間の交流の蓄積を踏まえ、問題の解決に向けたアイデアを考えようとしていました。

> 【1年】「東南アジア」の学習では、民族・宗教・言語・経済発展など異なる国々がASEANを中心にまとまり、域内の交流を深めている理由とその成果について意欲的に調べました。

> 【1年】ヨーロッパ州の学習では、EUの成り立ちと歩みを振り返ってその成果と課題をまとめた上で、新たな統合に向けてどのような対策を取ろうとしているのか、問題意識を持って調べていました。

> 【1年】歴史に対する興味・関心が高く、歴史学習を始めるにあたって小学校で学習した歴史的事象を手がかりにして、なぜ歴史を学ぶのかという問いについて意欲的に考えようとしていました。

> 【1年】興味のあった武家政治について、武士のおこりから源平合戦を経て源氏が鎌倉幕府を開くまでの経過を意欲的に調べ、幕府の仕組みと民衆の暮らしぶりをまとめていました。

【1年】農民の暮らしに関心があり、国司や地頭、荘園領主などの支配者に対する行動をすすんで調べ、古代から中世にかけて農民がどう成長していったのか、自身の考えを深めることができました。

【2年】身近な地域の調査において、対象地域の地形図や古地図を読み取った上で積極的に野外調査に出かけることができました。発展学習として自宅等周辺の野外調査にも取り組みました。

【2年】「自然災害に対する備え」の学習では、学校にいる時間に直下型の大規模地震により甚大な被害が発生したときを想定し、自身はどのように行動すべきか真剣に考えていました。

【2年】「日本の資源・エネルギー」の学習で、統計資料から資源自給率、各国の電源別発電量の内訳を調べ、自身の生活と関連させて今後のエネルギー政策について考えを深めることができました。

【2年】近畿地方の学習では、京阪神都市圏の水源である琵琶湖の水質保全のために自身（家族）が地域社会でどのような取り組みを行っていくべきか、調査結果を踏まえて自身の考えを説明していました。

【2年】安土桃山時代の学習では、多くの資料を読み取り、信長と秀吉が行った事業を整理・比較していました。相違点と共通点をまとめ、その関連と発展についてまとめようとしていました。

【2年】江戸時代の学習を通して、百姓一揆の移り変わりに興味を覚え、身近な地域で起きた百姓一揆について自主的に調べ、一揆を起こした農民の願いに思いを寄せるようになりました。

【2年】自由民権運動を学習していく中で欧米の思想を学び、民衆の間で自主的に作成された憲法草案に興味を持ち、それらを調べてそれぞれの特徴をまとめ、現在の日本国憲法と比較していました。

【3年】戦後史の学習で、高度経済成長が国民生活にどのような変化をもたらしたのか、祖父母などの身近な人に対する聴き取り調査の結果を出し合い、グループで意欲的にまとめていました。

【3年】3年間の学習を振り返り、環境・エネルギー問題をテーマに持続可能な社会を実現していくためにどんな取り組みが必要なのかを話し合った際、体験を交えて自身の考えを発表していました。

【3年】基本的人権の保障に関する学習で、男女間で不平等と思われる事例とそれを解消する取り組みについて、自身の体験をもとに考え、発展させた具体策をレポートにまとめていました。

【3年】政治単元の学習で模擬裁判（裁判員裁判）を行った際は、熱心に裁判員役を演じ、検察官・弁護人双方の主張をよく聞き、証拠・証言を吟味し、評決にあたり自分の主張を述べていました。

【3年】政治に対する関心が高く、先の選挙の主要政党の公約をすすんで調べ、関心のあるエネルギー政策・気候変動対策・ジェンダー平等の分野でどの政党が支持できるのか考えていました。

【3年】経済単元の学習では、株価の動きに興味を持ち、インターネットや新聞記事をもとに会社の経営方針や新しい企画を調べて今後どの会社の株価が上がりそうなのか予測し、発表していました。

【3年】台風や地震による災害を防ぎたいとの思いから、阪神・淡路大震災や東日本大震災後の動きを参考に防災・減災のためにどんな対策が必要なのか、自身の考えをまとめることができました。

【1年】各州で生じている課題について、国（地域）を限定して考えるようにという助言を踏まえ、どんな取り組みを行えばより良い社会になるのか、具体策を発表できるようになってきました。

【1年】北アメリカ州の学習では、GAFA に代表される IT 大手企業の事業に目を向けることで、アメリカ合衆国が世界をリードしている先端技術産業の成長を考えるようになりました。

【1年】歴史学習にあまり関心がなかったのですが、かな文字や百人一首など古代・中世のものが現在に受け継がれていることを学んだことで歴史学習の面白さを感じ、学習意欲が高まりました。

【2年】地方別の学習では、地方に見られる課題とその解決策を考える際、自身が住む地域の具体例を参考にするようにという助言を踏まえ、課題解決策を考えることができるようになってきました。

【2年】「近畿地方」の学習では、古都の歴史的景観の保全に当初は関心がありませんでしたが、京都・奈良の**校外学習**で得た見聞をまとめていくうちに景観保全の重要性に気付き始めました。

【2年】明治期の学習は漢字4字で表す出来事が多く苦手意識がありましたが、出来事を時系列で整理するうちに明治期の動きに興味がわき、見通しを持って学習に取り組むようになってきました。

【3年】歴史を学ぶ意味について、文化や生活様式に着目するように助言したところ、自身の生活と関連付けてより良い社会を実現していく上で歴史が参考になると考えるようになりました。

【3年】当初は政治への関心が低かったのですが、これからのまちづくりを考える学習で家族や友達に意見を求めたことで市政に興味を持つようになり、意欲的に政治の学習に取り組み始めました。

【3年】経済単元の学習では、友達から紹介された国税庁ホームページ「税の学習コーナー」で税の種類と分類、役割を調べるうちに、税と日常生活の関わりについて考えるようになってきました。

◆ 「知識・技能」に関わる文例

特性キーワード 正の数・負の数を理解／文字式の計算の法則を理解／等式の性質を理解／グラフを正確に作成／三角形の合同を証明／確率を正しく算出／小テストで満点

【1年】**正の数・負の数**の学習では、正の数と負の数の和が絶対値の差になることや負の数同士の乗法が正の数になることなどを理解し、負の数を含む四則の計算問題を解くことができました。

【1年】文字の式の学習において、**文字式**の表し方を覚えたり文字の種類や指数が異なる場合は計算できないことを理解したりといった文字式の計算の仕組みを正確に習得できました。

【1年】**方程式**の学習では、等式の両辺に同じ数や式を加えても等式が成り立つことなどの等式の性質をつかみ、その性質を生かして一元一次方程式を解くことができるようになりました。

【1年】変化と対応の学習では、**比例**や**反比例**のグラフを正しくかくことができました。特に比例のグラフでは、比例定数に着目して簡単にかく方法を学び、正確に速くかけるようになりました。

【1年】**平面図形**の学習では、円とおうぎ形の中心角の関係に気付き、おうぎ形の弧の長さや面積を求めました。また、コンパスを用いて垂直二等分線や角の二等分線、垂線を作図できました。

【1年】**空間図形**の学習では、**平面図形**を平行に動かしてできる立体と回転させてできる立体について調べ、柱体や回転体について理解を深め、そこから体積を求める公式を習得しました。

【1年】資料の活用の学習では、母数の異なるデータを比較する際に割合を求めて考える必要があることに気付き、相対度数を求めて表やヒストグラムを作成することができました。

【2年】式の計算の学習では、二つ以上の多項式を足したり、引いたりする際には、かっこの前のマイナスに気をつけて正確に同類項をまとめることができました。

【2年】連立**方程式**の計算問題では、問題に応じて消去できる文字を考え、加減法や代入法を適切に使い分けたり等式の性質を用いたりして、素早く解を導くことができました。

【2年】一次**関数**の学習では、傾きと切片の値に着目し、そのグラフをかくことができました。特に傾きと変化の割合が等しいことを理解し、切片を起点にしてグラフをかく方法を身に付けました。

【2年】一次**関数**の学習では、2点の座標を「$y = ax + b$」の式に代入し、連立**方程式**を解いて一次関数の式を求めることができました。2点の略図をかき、傾きを求めることもできました。

【2年】**図形の調べ方**の学習では、n角形の内角の和が$180° \times (n-2)$であることや多角形の外角の和が$360°$であることを用いて、多角形の内角や外角の大きさを求めることができました。

【2年】**図形の性質**と**証明**の学習では、図形の性質を根拠として、仮定から結論を導くことができました。また、三角形の合同条件を用いて、二つの三角形の合同を証明できるようになりました。

【2年】**場合の数**と**確率**の学習では、表を作成してサイコロの出る目に関する課題を解いたり、樹形図をかいてくじ引きが当たる確率を求めたりすることができました。

【2年】箱ひげ図とデータの活用の学習では、素早くデータを並び替え、データの数が奇数個か偶数個かに気を付けながら、四分位数を求めて正確に箱ひげ図を作ることができました。

【3年】式の**展開**と**因数分解**の学習では、乗法の公式を使った多項式の展開を繰り返し練習し、素早く計算できるようになりました。これが小**テスト**での満点という結果につながりました。

【3年】式の**展開**と**因数分解**の学習では、乗法の公式を利用して因数分解を正確に行えるようになりました。さらに共通因数をくくり出してから乗法の公式を利用する問題も正確に解けました。

【3年】**平方根**の学習では、根号の中を簡単にしたり、分母を有理化したりするなどの平方根の計算のルールをすぐに習得しました。こうした努力が、定期**テスト**での満点の獲得につながりました。

【3年】二次**方程式**の学習において、授業内で扱う計算問題では常に正答していました。問題に合わせて**因数分解**や**解の公式**を利用して、素早く解を導くことができました。

【3年】**図形**と**相似**の学習では、根拠となる角の関係や辺の長さの比を調べながら、三角形の相似条件を述べて二つの三角形が相似な図形であることを**証明**できました。

【3年】円の性質の学習では、一つの弧に対する**円周角**の大きさがその弧に対する中心角の大きさの半分になることを知り、その定理を用いてさまざまな円周角の大きさを求めることができました。

【3年】**三平方の定理**の学習では、直角三角形の3辺の関係において「$a^2+b^2=c^2$」が成り立つことを理解し、2辺がわかっている直角三角形の残りの1辺の長さを求めることができました。

【3年】**標本調査**の学習では、地域で収穫されたキャベツの重さのデータについて、コンピュータの表計算ソフトを用いて無作為に標本を抽出して標本調査を行い、その傾向を分析しました。

【1年】文字の式の学習において、異なる文字同士や同じ文字で指数が異なる場合でも計算してしまう場面がありましたが、徐々に理解が進みつつあります。反復練習で定着を図っていきましょう。

【1年】**平面図形**の学習では、おうぎ形の弧の長さや面積を求める公式を覚えるのに苦労しました。中心角の大きさから円を何等分したものかを考えられるよう、一緒に取り組んでいきましょう

【1年】資料の活用の学習では、相対度数を用いる場合がどんなときであるか理解できずにいました。母数の異なるデータを比較する課題に取り組む機会を設け、定着に向けて一緒に頑張りましょう。

【2年】式の計算の学習では、同じ文字の指数が異なるもの同士を計算してしまう場面がありました。同じ文字で指数が同じ場合のみ計算できることを確認しながら、一緒に習得を目指しましょう。

【2年】**図形**の**証明**問題では、どれを根拠にして述べるのか戸惑う場面がありましたが、等しい角度の場所に印を付けるなど図の中に示しながら根拠を見つけ、解答できるようになりました。

【2年】箱ひげ図とデータの活用の学習では、データの数が奇数個ある場合と偶数個ある場合の中央値の取り方に混乱した様子が見られました。偶数個の場合の求め方を助言し、定着を図ります。

【3年】二次方程式を解く際に、**解の公式**のみで解こうとしていましたが、**因数分解**を利用した解き方を練習し、二つを使い分けるようになったことでより速く解を導けるようになりました。

【3年】三角形の**相似**を**証明**する問題において、どの根拠を述べて証明を進めていくのかに難しさを感じていました。三角形の相似条件を確認して、証明の流れを考えるように助言していきます。

【3年】**標本調査**の学習では、多くのデータに対してどの程度標本を抽出して分析すればよいのかつかめない様子が見られました。場合に応じて標本の大きさを決めていくように助言していきます。

◆「思考・判断・表現」に関わる文例

 学級全体に説明／図形の特質を深く理解／工夫をして課題を解決／自身の考えをまとめ発表／習得した知識・技能を学校生活で活用

【1年】**正の数・負の数**の学習では、正の数と負の数の和と差の計算を考える場面において、トランプの色の違いに着目して絶対値の和か差の計算になることを学級全体にわかりやすく説明しました。

【1年】文字の式の学習において、掲示する際に必要なマグネットの個数を考える課題ではすぐに**文字式**をつくり、掲示する枚数が増えた場合でも正確にマグネットの個数を求めることができました。

【1年】**方程式**の学習では、等式の両辺に同じ数や式を加えても等式が成り立つことなどの等式の性質をつかみ、その性質を生かして一元一次**方程式**を解くことができるようになりました。

【1年】変化と対応の学習では、表やグラフの特徴を考え、どういったことを表現しているのか、理解しています。また、式を利用して、変数や比例定数を求める課題も解くことができました。

【1年】**平面図形**の学習では、円とおうぎ形の中心角の関係に気付き、おうぎ形の弧の長さや面積を求めました。コンパスを用いて、垂直二等分線や角の二等分線、垂線を作図することができました。

【1年】**空間図形**の学習では、**平面図形**を平行に動かしてできる立体と回転させてできる立体について調べ、柱体や回転体について理解を深め、図に描き起こすことができました。

【1年】資料の活用の学習では、母数の異なるデータを比較する際に割合を求めて考える必要があることに気付き、相対度数を求めて表やヒストグラムを作成しました。

【2年】式の計算の学習では、地球の周の長さも運動場にかいた円周も半径を1m伸ばした円周との差は約6mであることに関心を持ち、**文字式**を利用して式にすることへの有用性に気付きました。

【2年】連立**方程式**の学習では、問題となる場面を整理して連立方程式を立式しました。特に「速さ・時間・道のり」の問題では、数量関係を線分図に表して課題解決することができました。

【2年】**図形**の調べ方の学習では、多角形の内部に三角形がいくつできるかを考えたことでn角形の内角の和が「$180°×(n-2)$」であることに気付き、学級に向けて発表しました。

【2年】**図形**の調べ方の学習では、星形の先端にできる5個の角の和が180度になることを三角形の外角の性質を用いて一つの三角形の内角におさめられることを学級全体に説明しました。

【2年】**図形**の性質と**証明**の学習では、平行四辺形の対角線がそれぞれの中点で交わることなどの結論を導くための事柄を見つけ、その条件を記述して平行四辺形になる結論を導きました。

【2年】**場合の数**と**確率**の学習では、2人でくじ引きをする場合は先か後かどちらが有利になるのか、それぞれの確率を求めて、その違いがないという結論を導くことができました。

【2年】日最高気温の箱ひげ図から地球は温暖化しているのか議論した際、中央値と第3四分位数の数値が高くなっている傾向を根拠に、「地球は温暖化している」という自分の考えを発表しました。

【3年】式の**展開**と**因数分解**の学習では、道幅を a、道の面積を S、道の中央を通る線の長さを ℓ とするとき、「S ＝ a ℓ」の関係が成り立つことを因数分解を用いた式変形を行い、説明できました。

【3年】**平方根**の学習では、面積が2倍の円をつくるには、その半径を何cmにすればよいのか円の面積を求める公式と平方根の考えを用いておよその値を求めることができました。

【3年】二次**方程式**の**文章題**では、方程式の解が問題に合っているかを吟味する際、なぜ問題に合わないのかということについて発言し、その根拠をきちんと説明することができました。

【3年】**関数**「y＝ax^2」の学習では、自動車の速さと制動距離の関係を考えた際、時速が異なる場合の制動距離の差を求め、スピードが上がれば止まりにくいことを導き、学級全体に発表しました。

【3年】**図形**と**相似**の学習では、相似な立体の容器に入ったアイスクリームを購入する場面でどちらが割安になるのか相似比を利用してその容積を求め、解決しました。

【3年】**三平方の定理**の学習では、高さのわからない立体でもその立体の中にできる直角三角形を見つけて三平方の定理を用いることで立体の体積を導けることを説明できました。

【3年】全校生徒がどの程度図書室を利用しているかを調べるために、無作為に抽出した30人の生徒のデータを基に**標本調査**を行い、その結果を**図書委員会**の活動に生かしました。

【1年】**方程式**の学習では、**文章題**の問題づくりに挑戦しました。初めての経験に戸惑い作成できずにいましたが、買い物の設定で考えるように設定を絞ったことで、作成することができました。

【1年】変化と対応の学習では、動点の問題においての立式の仕方がわからず次の課題に進めないことがありましたが、点Pの動いた道のりが底辺になるとの助言を聞き、立式することができました。

【1年】**空間図形**の学習では、立体が少し複雑になるとその体積や表面積を求めることが難しいようでした。立体の見取り図や展開図を考えながら、解答できるよう共に取り組んでいきましょう。

【2年】連立**方程式**の学習では、文章から立式できずに苦労していました。「速さ・時間・道のり」の問題では、数量関係を線分図に表すなど視覚的に捉えられるよう共に取り組んでいきましょう。

【2年】さまざまな**図形**の角の先端にできる角の和を求める問題の解き方がわからず困惑していましたが、これまでに学習した図形が隠れていると聞き、図に書き込みながら考えていました。

【2年】**場合の数**と**確率**の学習では、確率を求める際の場合の数を求められない場面がありましたが、樹形図や表をかいて場合の数を考えるようにしたことで、正確に求められるようになりました。

【3年】**平方根**の学習では、これまでと異なる$\sqrt{}$で表現された数を理解することに苦戦しましたが、$\sqrt{}$の数のおよその値を覚えたことで、**無理数**と**有理数**の違いを理解できるようになりました。

【3年】**関数**「$y=ax^2$」の学習では、交点やそこにできる三角形の面積を求める問題に難解さを感じている様子でした。復習を重ねたことで、応用問題でも正答が増えており、成長を感じます。

【3年】**三平方の定理**の学習で、最初は立体の体積を求めるのに苦戦している様子が見られましたが、高さを求めるために空間にできる直角三角形を考えることに気付き、その求め方をつかみました。

◆「主体的に学習に取り組む態度」に関わる文例

 繰り返し計算練習／授業中に積極的に挙手／グループの活動をリード／積極的に自分の意見を主張／自主的に調査／積極的に質問

【1年】**正の数・負の数**の学習では、何度も計算練習に励み、苦手としていた負の数の計算を身に付けました。その努力もあり、計算コンクールでは満点を取ることができました。

【1年】**文字の式**の学習では、文章から式をつくる際、周囲の友達に考え方を伝えたり、作った式を説明したりするなど、積極的に取り組んでいる様子が見られました。

【1年】**方程式**の利用の場面では、授業中に積極的に挙手をして、立式した式を発表したりその解が問題に合っているか判断した理由を説明したりしていました。

【1年】**方程式**の利用の場面では、積極的に挙手して立式した式を発表したり、その解が問題に合っているか判断した理由を説明したりしました。級友も一目置く活躍に感心しました。

【1年】**変化と対応**の学習では、比例のグラフが比例定数に着目して簡単にかけることに興味を持ったようで、**反比例**のグラフとのかき方の違いに関心を持って学ぶ様子が見られました。

【1年】**平面図形**の学習では、コンパスを使った基本な作図の学びに関心を持ちました。特に3点を通る円を作図する問題では、垂直二等分線を利用して課題を解決しようと意欲的に取り組みました。

【1年】資料の活用の学習では、グループの中心となって実験を行い、データを収集しました。その後の発表でも、他のグループの分析結果について質問するなど関心の高さがうかがえました。

【2年】式の計算の学習では、同類項をまとめることや多項式同士の計算に自信を持って取り組み、授業中に何度も正答や計算のやり方を発表する姿が見られました。

【2年】連立**方程式**の学習では、どうやって文字を消去するか友達と相談したり、ノートを見返してこれまでに習ったことを確認したりしながら課題解決に取り組む姿が見られました。

【2年】一次**関数**の学習では、お得な携帯電話の料金プランについて話し合った際、グラフの交点に着目してお得なプランが変化することを学級全体に発表し、積極的に自分の考えを述べました。

【2年】**図形**の調べ方の学習では、対頂角や錯角、同位角を求める課題に意欲的に取り組みました。解答を終えるとすぐに挙手し、発表しようと積極的に授業に参加する姿は他の模範となりました。

【2年】**図形**の性質と**証明**の学習では、平行四辺形になる条件や直角三角形の合同条件を覚え、それを使う証明の課題に一生懸命取り組みました。自分で論述していこうとする姿勢に感心しました。

【2年】**場合の数**と**確率**の学習では、くじ引きは先か後かどちらが有利になるのか考えた際、級友と相談しながらその確率を求めようと奮闘する様子が見られました。

【2年】箱ひげ図とデータの活用の学習では、「地球は温暖化しているのか」について箱ひげ図を見て議論した際、さまざまな値を基に積極的に意見を述べる姿が見られました。

【３年】式の**展開**と**因数分解**の学習では、因数分解や乗法の公式の展開を利用して素早く計算できる問題があることを学び、「工夫できないか考える」と気付きを振り返りに書きました。

【３年】**平方根**の学習では、面積が$2\,\mathrm{cm}^2$になる正方形の一辺がこれまで学習した数ではうまく表現できないことに驚き、平方根の必要性を実感しながら**無理数**の学習に意欲的に取り組みました。

【３年】二次**方程式**の**文章題**では、解が問題に合うかどうかの根拠についてや自分のつくった方程式が適切であるかなど、積極的に友達と相談しながら問題に取り組むことができました。

【３年】**図形**と**相似**の学習では、縮図を利用して大きなものの長さを考えたことで、間接的にものの長さや高さを調べることができることに興味を持ち、日常生活でどう生かされているか調べました。

【３年】円の性質の学習では、**円周角**が中心角の半分になることを**証明**する際、友達と一緒に考えたことで三角形の外角を利用した証明が成り立つことにたどり着きました。

【３年】**三平方の定理**の学習では、ピタゴラスが直角三角形のタイルを見て思いついたとされる逸話からなぜ定理が成り立つのか興味を持って考える様子が見られました。

【３年】**標本調査**の学習では、データを収集する際のアンケートを考え、その後の発表では他のグループの分析結果について質問するなど、関心の高さがうかがえました。

【１年】**正の数・負の数**の学習では、新しく登場した負の数の扱いに戸惑っていましたが、粘り強く復習に励み、負の数の扱いを着実に理解できるようになりました。

【1年】**平面図形**の学習では、おうぎ形の面積や弧の長さを求めることに苦労しましたが、円の何分のいくつになるのか考える方法を知り、公式に固執せず柔軟に考える様子が見られました。

【1年】資料の活用の学習では、データ収集をグループの他のメンバーに頼ることもありましたが、分析レポートは自分の考えをまとめるようと真剣に取り組む様子が見られました。

【2年】**連立方程式**の学習では、少し複雑な計算になると発言に消極的でしたが、繰り返し計算練習をして自信を持って正答できるようになっています。徐々に発言の回数も増えてきました。

【2年】**図形**の性質と**証明**の学習では、三角形の合同条件を覚えられず、証明問題の論述にストレスを抱えている様子でした。根拠を整理して論述できるよう一緒に取り組んでいきましょう。

【2年】**図形**の学習では、星形の先端にできる5つの角の和が180度になるのはなぜかを考えた際、消極的な様子も見られましたが、友達の考え方を聞いてから一緒に取り組む様子が見られました。

【3年】式の**展開**と**因数分解**の学習では、乗法の公式を覚えられずに苦労をしていました。授業内でも復習できる機会を増やし、定着が図れるよう共に取り組んでいきましょう。

【3年】**平方根**の学習では、$\sqrt{}$で表現された数とその計算の仕組みに困惑して意欲的を失い気味でしたが、その和と差の計算を**文字式**と同じように扱えると気付いてからは前向きに取り組めました。

【3年】**図形**の相似比から面積や体積の比を求めて考える問題で、解答に詰まることがありました。面積の比は2乗、体積の比は3乗にすることを意識して取り組み、正答できるようになりました。

◆ 「知識・技能」に関わる文例

 理科の用語を暗記／器具の使い方を習得／正しい手順で実験／丁寧にスケッチ／グラフを正確に作成／ノートに丁寧に整理／遺伝の規則性を理解／専門書で理解を深化

【1年】理科の**観察・実験**を友達と協力して行うだけでなく、**家庭学習**を充実させて取り組むことで、知識理解の充実を図るとともに、基礎的な技能も着実に身に付けることができました。

【1年】理科の用語などを繰り返し覚え、自分の知識をさらに広げることができています。2年生でも**家庭学習**の時間をしっかりと確保し、さらに力を伸ばしていきましょう。

【1年】学習態度が良好で、いつも意欲的に取り組むことができています。**動物**の分類では、呼吸の仕方や体表などを日常生活での経験と関連付けて理解することができました。

【1年】**火山**のモデル**実験**や岩石の**観察**などに意欲的に取り組み、理解を深めることができています。また、顕微鏡やガスバーナーの使い方も着実に身に付け、他の模範となっています。

【1年】未知の**気体**の正体を明らかにするために、気体の捕集や性質を調べる**実験**を率先して行いました。学習したことを活用しながら、見事に気体の正体を明らかにすることができました。

【1年】ガスバーナーの使い方を学習しました。ガスバーナーの技能テストでは、スムーズに操作をすることができたと同時に、操作に苦労している班員にやさしく助言する姿も見られました。

【1年】**物体**の密度を調べる**実験**では、メスシリンダーを用いて物体の体積を測定しました。正確な体積を測定するために、何度も目盛りを読み直し、丁寧に測定することができました。

【2年】**生物**の体のつくりとはたらきでは、**植物**と**動物**の共通性と相違点を整理し、生物が生きていく仕組みを日常生活や経験と関連させて理解することができました。

【2年】ヒトの体のつくりとはたらきに関しての興味・関心が強く、授業ではアプリを用いてさまざまな臓器のつくりを調べることができました。その結果、理解の深まりも見られました。

【2年】理科では顕微鏡を上手に扱いこなし、細胞の様子を詳細かつ丁寧にスケッチすることができています。その結果、学級全体の学習の高まりにも貢献しています。

【2年】理科に強い関心を示し、**酸化・還元**の**実験**では純度の高い**銅**を生成することができました。また、実験技能もすぐれているため、他の班のサポートも率先して行っています。

【2年】理科の学習では、多くの問題を解くなど復習を頑張り、苦手意識を克服しようと努力することができています。そのため、知識を用いて説明することができています。

【2年】**硫化鉄**の**実験**では、反応の様子をタブレット端末で撮影し、じっくりと観察しました。撮影した動画を何度も見返しながら、加熱を止めても反応が続く理由を理解できました。

【2年】目的の回路を回路図を見ながらスムーズに組み立てることができました。また、**電流**や**電圧**の値を測定するときも端子のつなぎ方に気を付けながら、正確な値を読み取りました。

【2年】**磁界**の様子を**観察**するために棒磁石やコイルのまわりに鉄粉をまいて、その様子を観察しました。浮かび上がった磁界に驚くとともに、丁寧にスケッチをすることができました。

【3年】理科を得意とし、集中して授業に取り組むことができています。斜面を下る**台車**の**実験**では、データを用いてグラフを正確に作成することで、理解を深めました。

【3年】**生物**の成長や生殖に関して、図やモデルを用いてノートに丁寧に整理することができました。その結果、知識の定着につながり、その成果が**テスト**や成績に表れました。

【3年】メンデルの**遺伝**の規則性を自分なりにわかりやすく4コママンガにして整理し、まとめることができました。そのため、遺伝の法則や規則性についての理解が深まりました。

【3年】**宇宙**のミニチュアモデルを作成することで、恒星や惑星、衛星についての理解を深めることができました。また、それぞれの動きから**天体**に関する現象も説明することができました。

【3年】理科が好きで、身の回りで起こるさまざまな現象を**実験**を通して論理的に原因を探っていく過程に面白さを感じています。また、自主的に専門書を調べ、知識を深めることができました。

【3年】**金属**の**イオン**のなりやすさを調べる**実験**では、変化の様子がわかりやすいように動画を撮影したり、廃液が少なくなるように試薬を慎重に加えたりするなど工夫して取り組みました。

【3年】**物体**の運動の様子を明らかにするために記録タイマーで測定し、記録テープをもとに結果の処理を適切に行うことができました。グラフを作成し、根拠となるデータを得ることができました。

【3年】**イオン**とは何かを理解するために、原子の構造について丁寧にノートにまとめました。原子の構造をまとめながら、陽イオンや陰イオンがどのようにして成り立つのか理解を深めました。

【1年】理科の**水溶液**の性質を熱心に覚え、自分の知識を広げることができました。わからない所は質問したり繰り返し解いたりして、根気強く学習に取り組んでいくことを期待しています。

【1年】**凸レンズ**による像のでき方について、物体を置く位置とスクリーンにできる像の大きさの関係について、何度も作図を行うことで理解しようと努めていました。

【1年】ものの浮き沈みに密度がどのように関係するのかについて考えました。数値だけではイメージしにくい部分も、実際に**観察・実験**を行うことで理解を深めることができました。

【2年】理科では意欲的に**観察・実験**を行っており、論理的に考える過程に面白さを感じているようです。わからない学習内容は教科担任や友達に質問して、学力の向上を目指していきましょう。

【2年】**元素記号**や**化学式**を覚えるために何度もノートに書いたり、自分で小テストをしたりするなど努力を重ねました。化学式を覚え、**化学反応式**を組み立てることの面白さにも気付きました。

【2年】**電流**がつくる**磁界**について、電流の向きと磁界の向き、電流の大きさと磁力の大きさにどのような関係があるのか、班員と共に何度も**実験**を繰り返しながら、理解を深めることができました。

【3年】学習態度に落ち着きが認められ、静かな中にも熱意の感じられる授業態度で、着実な成果を収めています。今後は学習内容をモデルや図でつながりを整理し、知識の定着を図りましょう。

【3年】3年生になり、扱う試薬や**実験**にも注意点が増えて戸惑う様子もありましたが、実験操作にどのような意味があるのかを考え、安全にも注意をしながら取り組むことができました。

【3年】中和反応が起こるとき、**水溶液**中では、**イオン**がどのようになっているのか疑問を持ちました。モデルを用いながら班員に教えてもらい、少しずつ理解を深めることができました。

◆ 「思考・判断・表現」に関わる文例

 多面的に思考／データに基づき考察／学習内容を関連付けて思考／モデルを使って説明／根拠を示しながら発表／仮説に基づき実験計画を立案／実験方法を工夫

【1年】理科では、課題に対するさりげない発言が学級全体の学習意欲の高まりにつながっています。これからも課題に対して多面的に思考し、深い理解につなげていきましょう。

【1年】特に理科では**実験**の手際が良く、器具を上手に操作でき、得られたデータからの考察がすぐれています。○○さんの発言がきっかけとなり、学級の学習意欲の向上につながりました。

【1年】常に意欲的に理解を深めることができました。特に理科では疑問に思ったことを追究したり、学習した内容を関連付けて思考したりするなど、自律的な学びが身に付いています。

【1年】**植物**の花のつくりを調べる**実験**では細部まで丁寧に作業し、他の生徒の模範となりました。また、さまざまな植物を調べることで花のつくりの共通性を見いだし、まとめることができました。

【1年】ものが水に溶けるとはどのようなことかについて考えました。粒子のモデルを使いながら、**観察・実験**の結果をもとに、水に溶ける様子について工夫して説明することができました。

【1年】謎の白い粉の正体を明らかにするために、班員と話し合いながらどのような**実験**を行えばよいのか、計画を綿密に立てて実験に取り組み、見事にその正体を明らかにすることができました。

【1年】**音**がどう伝わるのかを明らかにするために、音を伝える物体が必要なのではないかと仮説を立てました。仮説をもとに真空状態で音は伝わるかなど、検証方法を考えることができました。

【2年】**植物**の光合成に関する**実験**に意欲的に取り組み、より良いデータを班員と協力して追究することができました。その結果、植物が生きていく仕組みを自分の言葉で表現することができました。

【2年】唾液に関する**実験**を班員と協力して行うことができました。また、その結果を分析・解釈し、客観性の高い考察を行うことで、学級全体の理解を深めることに貢献しました。

【2年】探究心にあふれ、常にいろいろな角度から物事を考えようとする姿勢が見られます。また、自分の主張や考えを結果をもとに根拠を示しながらわかりやすく説明することができました。

【2年】**気象**に関する事象に興味が高く、気象現象が起こる仕組みを自分の言葉や図を用いて表現することができました。また、微視的な視点で説明したわかりやすい考察を全体に発表しました。

【2年】**電流**が**磁界**から受ける力にどのような規則性があるのかを調べるために、電流の大きさや向き、磁界の向きなど**実験**条件を制御して、どの要因が何と関係しているのかを明らかにしました。

【2年】**銅**と結び付く**酸素**の質量の比を明らかにする**実験**では、4対1という教科書通りの結果が得られないことに疑問を持ち、加熱する回数や時間、実験の誤差などから検討しました。

【2年】なぜホットケーキは膨らむのかを明らかにするために、生地が膨らむときの様子から気体の発生が関連することを見いだして仮説を立て、**実験計画**を考えることができました。

【3年】運動の規則性に関する現象についての**観察・実験**を班員と協力して行い、その結果を基に等速直線運動の規則性を見いだし、日常の運動と関連付けて考察を深めることができました。

【3年】月の満ち欠けに関するモデル**実験**を行うことで、月と地球の位置関係や月の公転の向きなどを見いだし、表現できました。また、日食や月食とも関連付けて考察することができました。

【3年】**太陽**の黒点の動きや様子から、太陽が自ら自転していることや球形であることを見いだし、自分の言葉でまとめることができました。その結果、**宇宙**についての興味が高まったようです。

【3年】メンデルが発見した**遺伝**の規則性について自らの言葉で表現することができました。また、その遺伝の規則性を基に身の回りの遺伝についても追究することで、理解を深めました。

【3年】ダニエル電池の**電圧**を大きくするためにはどのような工夫ができるかを考えました。**イオン**のモデルを使いながら、**水溶液**の濃度や**金属**の種類に注目することができました。

【3年】自由落下のとき、羽毛と鉄球のどちらが速く落ちるのか疑問を持ちました。落下速度と質量の関係を調べるため、空気抵抗を考慮し、同体積で質量の異なる物体での**実験**を考案しました。

【3年】**物体**の持つエネルギーをどうすれば数値化できるか疑問を持ちました。他の物体にぶつけ、どれだけ影響があるかを調べるとエネルギーの大小が比較できると考えました。

【1年】理科の**観察**や**実験**に熱心に取り組み、データの分析を正確に行うことができました。今後は、得られたデータを分析・解釈することで自分の考えを広げていきましょう。

【1年】未知の**金属**の正体を明らかにするために密度を計算することになりました。どのようにすれば密度を求めることができるのか、班員に教えてもらいながら、計算に取り組む姿が見られました。

【1年】状態変化の様子を粒子のモデルを用いてどう説明するのか考えました。最初は粒子とはそもそも何なのかと戸惑いながらも、班員と話し合い、自分なりの説明ができるようになりました。

【2年】理科では**生物**に関する現象について課題をもって**観察・実験**を行い、知識を着実に身に付け、学力を向上させることができました。今後はその知識を生かし、多面的に思考していきましょう。

【2年】**化学変化**の様子を**化学式**を使ってどう表すとよいのか、原子のモデルを使いながら考えました。原子の種類と数を矢印の両辺でそろえるために、何度も試行錯誤しながら取り組みました。

【2年】**電流**がつくる**磁界**について、電流の向きと磁界の向きが右手を使って関係付けられることに驚きました。授業中に右手を動かしながら、一生懸命考える姿が見られました。

【3年】班員と協力して意欲的に**観察・実験**を行うことができています。自分の言葉でまとめることに苦手意識があるようですが、班員の意見を基に整理する力が身に付いてきました。

【3年】動いているにもかかわらず、等速直線運動では力が加わっていないことに疑問を持ちました。班員と共にばねばかりを使ったり摩擦の違う床で**実験**したりして、明らかにしようとしました。

【3年】ダニエル電池がどんな仕組みで**電流**を取り出すことができるのかを理解するために、**イオン**や電子のモデルを用いながら班員たちに教えてもらい、自分でも説明できるように取り組みました。

◆「主体的に学習に取り組む態度」に関わる文例

端末で自主的に調査／粘り強く学習／授業に臨む姿勢が熱心／意欲的に観察・実験／友達と協力しながら観察・実験／疑問をもとに再実験／疑問を見いだして学習

【1年】理科の**実験**の成功に向け、準備から片づけまでの確認を特に念入りに行いました。その結果、着実な理解につながるとともに、実験に関する疑問を見つけて追究することもできました。

【1年】学習面では地道に取り組み、目標達成に向けて粘り強く課題解決に当たる姿が見られました。特に理科では、友達と協力して**観察・実験**に取り組み、疑問を解決しようと努力していました。

【1年】とても学習意欲が高く、知識や技能を吸収しようとする姿勢が見受けられます。特に理科では、最初に予想や仮説を積極的に発言するため、クラス全体の学びの深まりにつながっています。

【1年】**動物**の分類ではさまざまな観点を設定し、動物を分類することができました。また、チリメンモンスターの分類にも積極的に取り組み、学習した内容を活用することで理解を深めていました。

【1年】凸レンズが身の回りでどのように利用されているのか、ノートにまとめました。凸レンズを調べているうちに凹レンズについても疑問を持ち、タブレット端末を使って調べていました。

【1年】**音**の高さがどのように決まるのかについて、興味を持って調べることができました。授業後には**昼休み**に理科室を訪れ、コップの水の量を微調整しながらドレミの音階を作りました。

【1年】小学校のときに学習した**酸素**の性質について、中学校でさらに理解を深めることができたことに面白さを感じたようです。発生させる方法が1種類だけでないことにも興味を持ちました。

【2年】学習面ではグループ活動で積極的に意見を交換し、計画的に**家庭学習**に励むなど主体的に取り組むことができました。特に理科では、**実験**を通して論理的に考え、理解を深めました。

【2年】授業に臨む姿勢が熱心で、粘り強く行うのでどの教科も高いレベルで安定した成績を収めています。特に理科では、考察を日常の事象と関連付けながら多面的に思考することができました。

【2年】**気象**に関する事物・現象への関心が高く、雲や霧の発生などに関する**実験**に意欲的に取り組みました。季節による気象の変化に対しても日常生活と関連付けながらまとめることができました。

【2年】理科の**生物**分野が得意で、特に**植物**の体のつくりとはたらきへの関心が高く、意欲的に**観察・実験**に取り組むことができました。その結果、自然の尊さも実感することができました。

【2年】化学カイロがなぜ温かくなるのかについて疑問を持ちました。**鉄**の酸化が関係するとわかると、次は**化学反応式**に活性炭や食塩水は登場しないことに疑問を抱き、さらに探究を進めました。

【2年】**放射線**について学習をしたときに、放射線が人体に危険性があるだけでなく、さまざまな分野で有効活用されていることに驚き、正しい知識を得ようとレポートに工夫してまとめました。

【2年】磁石とコイルがあれば電磁誘導によって発電できることに興味を持ちました。これまでにはない地球にやさしい持続可能な発電方法はないか、班員とアイデアを出し合い、共に考えました。

【3年】理解力と思考力にすぐれ、要点を的確に押さえた学習と地道な積み重ねの成果が、成績にも表れています。特に理科に高い関心をもっており、幅広い知識を生かして考察を深めています。

【3年】**天体**に関する事物・現象への興味・関心が高く、意欲的にアプリを用いて結果を取得できています。その結果、空間的な認識力も身に付き、班員にわかりやすく説明することができました。

【3年】アフリカホウセンカの花粉管の伸長に関する**実験**に意欲的に取り組み、よりよいデータを得ることができました。また、実験での疑問を基に再実験を行い、**植物**の神秘を実感していました。

【3年】メンデルの法則に興味をもっており、身の回りの**遺伝**について意欲的に調べることができました。また、iPS 細胞やコロナワクチンについても、級友に紹介することができました。

【3年】ダニエル電池の仕組みの学習後、身の回りにあるその他の電池はどんな仕組みになっているのかについて疑問を持ち、タブレット端末を使って調べて自分なりにまとめることができました。

【3年】科学技術の発展について意欲的にレポートをまとめました。その際、科学技術の利点だけでなく問題点にも注目し、科学技術との付き合い方について自分の考えを記述することができました。

【3年】なぜ質量パーセント濃度を求める必要があるのかについて疑問を持ち、主体的にその理由を考えました。**水溶液**の濃さを比較する際に、役に立つことををを見いだしました。

【1年】理科の授業では、自主的に**観察・実験**に取り組むことができています。今後は、観察・実験の内容を振り返り、学習内容の定着を図り、力を伸ばしていくことを期待しています。

【1年】小学校のときに学習した光について、中学校でも学習することを不思議に考えていました。**観察・実験**を通して光の性質の面白さに気付き、さらに調べてみたいと思うようになりました。

【1年】身の回りの生活と理科の学習内容がどのように関連しているのかについて考えることができました。物質の性質や特性を知ることで、さまざまな現象の見え方が面白くなってきたようです。

【2年】教師や友人の指示に頼る受け身の姿勢から、自分で考え自ら調べる積極的姿勢に少しずつ変わってきました。今後もその姿勢を大切にし、意欲的に授業に取り組むことを期待しています。

【2年】オームの法則や発熱量を求める公式などに対し、当初は何の役に立つのかと理解に苦しむ姿がありました。身の回りの電気製品を作る上で必要なことを知り、興味が深まりました。

【2年】**化学変化**について、**実験**は楽しくて一生懸命に取り組むものの、実験後の考察の意味は何かと考えていました。結果をもとに新しい発見をしていくことに少しずつ挑戦をしています。

【3年】ノートが丁寧で、大切なところがすぐわかるように色分けするなど、工夫がなされています。今後は自分の考えを意欲的に発表するとともに、主体的な探究を実現していきましょう。

【3年】**イオン**とは何か、その正体や性質について難しく感じ、疑問がたくさんありました。**実験**を通してイオンに関わる現象の面白さに気付き、自分なりにレポートにまとめることができました。

【3年】2力の合成や分解がどのように身の回りのものとつながるのか疑問に感じていましたが、橋を支える設計など私たちの生活に関わりがあることを知り、興味を持って作図に挑戦できました。

◆「知識・技能」に関わる文例

特性キーワード　歌詞の情景を理解／正しい発声とリズム感／曲の構成や曲想を理解／音楽の文化的役割を理解／高い歌唱力／高い鑑賞力／発声に安定感

【1年】**歌唱**曲「夏の思い出」を教材曲として扱った授業では、歌詞の情景をしっかりと捉え、発声やリズム感もすぐれていました。全体のバランスを意識して歌うこともできていました。

【1年】作曲者の異なる歌唱曲「魔王」を扱った**鑑賞**の授業では、比較鑑賞をする中で、各曲の形式や特徴を的確に捉えていました。今後も音楽への理解を深めていくことを期待しています。

【1年】歌唱曲「魔王」を教材として扱った**鑑賞**授業では、歌曲の形式や構成に対する理解を深めることができました。特に曲のドラマ性や感情表現への理解は他の生徒の模範となりました。

【1年】「夏の思い出」の**歌唱**授業では曲の形式をしっかりと理解し、それを生かして素晴らしい歌唱を披露しました。特にフレーズごとの強弱の違いを意識し、表現力豊かに歌っていました。

【2年】ベートーヴェン作曲の「交響曲第5番」を扱った授業では、オーケストラの各楽器の役割、楽曲の構造やテーマの展開を的確に理解していました。今後の音楽の学びにも生かされるでしょう。

【2年】「夢の世界を」の**歌唱**授業において、曲の構成や曲想を正しく理解することができました。その理解を表現する技能も持ち合わせており、知識と技能の融合は素晴らしいものがあります。

【2年】**歌舞伎**「勧進帳」の**鑑賞**を通じて、伝統的な日本音楽である歌舞伎の独特な表現方法や音楽的要素に対する理解が深まりました。このように高い鑑賞力と理解力があります。

【2年】**雅楽**「越天楽」の**鑑賞**を通じて、雅楽の楽器の使い方やその歴史的背景を深く理解していました。その音楽が持つ意味や文化的役割を捉えることもできていました。

【3年】**鑑賞**曲「ブルタバ（モルダウ）」の授業を通じて、音楽の特徴やその背景を深く理解しています。スメタナの持つ民族的な要素や音楽が描く自然や情景を的確に捉えていました。

【3年】**歌唱**曲「花」の歌唱授業を通じて、日本の歌の美しさを深く理解し、素晴らしい歌唱を披露しました。音楽への理解と技能は非常にすぐれており、今後の音楽学習に大いに役立つでしょう。

【3年】**歌唱**曲「花」の歌唱授業をはじめ、日本の歌の美しさを深く理解しています。音程の正確さや発声の安定感もあり、今学期も素晴らしい歌声で歌い上げていました。

【3年】**鑑賞**曲「ブルタバ（モルダウ）」の授業を通じて、音楽の特徴やその背景を深く理解しています。特に自然や川の流れの音楽表現を深く理解し、曲の構成を的確に分析することができました。

【1年】「夏の思い出」の**歌唱**授業において、曲の形式を理解しようとする姿勢が見られました。リズムや旋律に対する意識が高まりつつあります。今後はさらに発声の仕方を工夫してみましょう。

【2年】ベートーヴェン作曲の「交響曲第5番」を扱った授業を通じて、オーケストラの表現方法に興味を示しました。曲の特徴や構成を理解しようとする姿勢が見られるようになってきました。

【3年】鑑賞曲「ブルタバ（モルダウ）」の授業を通じて、音楽の特徴やその背景を理解しようとする姿勢が見られました。具体的な要素の役割に焦点を当てることで、さらに理解が進むでしょう。

◆「思考・判断・表現」に関わる文例

曲の形式を生かして歌唱／表現を工夫／自己の表現を改善／曲の構造を分析／歌詞の内容を考察／仲間と意見交流／自分の意見を表現／音色や旋律の抑揚を工夫

【1年】「夏の思い出」の**歌唱**授業では、曲の形式を生かした歌唱を披露しました。特に歌のフレーズごとの感情表現を的確に捉え、それに基づいて表現を工夫する姿は素晴らしいものがあります。

【1年】「夏の思い出」の**歌唱**授業において、曲の形式を生かして歌唱していました。自らの表現について考え、改善点を見つける姿勢も素晴らしく、高い思考力・判断力があります。

【1年】作曲者の異なる歌唱曲「魔王」を教材として扱った**鑑賞**の授業では、各曲の構造や表現方法を的確に分析し、感情の表れ方や音楽の進行に対する考察がすぐれていました。

【1年】歌唱曲「魔王」の**鑑賞**を通じ、楽曲の情緒を的確に捉え、歌詞の内容がどのように音楽と結びついているかを考察し、他の生徒にもしっかりと伝える姿勢が見られました。

【2年】ベートーヴェン作曲の「交響曲第5番」を扱った授業では、楽曲の情感を的確に捉え、聴き取った音楽から自分の考えを表現していました。他の生徒と活発に意見交流する姿も見られました。

【2年】「夢の世界を」の**歌唱**授業では、曲の構成やテーマを深く考察しながら歌唱をしていました。各フレーズの感情の変化に応じて、表現を工夫する姿は素晴らしいものがあります。

【2年】ベートーヴェン作曲の「交響曲第5番」を扱った授業では、各楽章の特性やテーマの変化を考察し、自分の考えを他の生徒にしっかりと伝えることができました。

【2年】ベートーヴェン作曲の「交響曲第5番」を**鑑賞**する授業では、曲が各楽章でどのように展開されているかに注目し、その魅力を自分の言葉で他の生徒にしっかりと伝えていました。

【3年】**歌唱**曲「花」の歌唱授業では、日本語の言葉の響きや歌詞の内容と旋律の流れの関連性を深く考え、自分なりの解釈を踏まえて感情豊かに歌唱する姿が印象的でした。

【3年】**歌唱**曲「花」の歌唱授業を通じて歌詞の背景や感情を深く考察し、音色や旋律の抑揚を工夫した歌唱を披露することができました。今後もぜひ豊かな音楽表現を心がけてください。

【3年】**鑑賞**曲「ブルタバ（モルダウ）」の鑑賞では、音楽の特徴や背景を深く考察しました。曲の構造がチェコの自然や風景をどのように描写しているのかを的確に捉えようとしていました。

【3年】**鑑賞**曲「ブルタバ（モルダウ）」を聴いて、曲の各部分がどのようにチェコの自然の景観を表現しているのかを分析し、その意義を考察する姿勢が見られました。

【1年】歌唱曲「魔王」の**鑑賞**を通じて、曲の構造や感情について考える姿勢が見られました。思考を深めることが今後の課題で、曲への深い理解が進めば、より豊かな表現につながるでしょう。

【2年】「夢の世界を」の**歌唱**授業では、曲の構成や曲想を踏まえて歌唱しています。表現に関してはまだ工夫の余地がありますが、他の生徒から新しい視点を得ようと努力する姿が見られました。

【3年】歌唱曲「花」の歌唱授業を通じ、日本の歌の美しさを感じ取ろうとする姿勢が見られました。歌詞の内容について考える意欲も見られ、表現力の向上に向けた基盤が整いつつあります。

◆「主体的に学習に取り組む態度」に関わる文例

積極的に発表／活発に仲間と交流／主体的に表現方法を調整／真剣に曲を鑑賞／曲の構成を深く考察／仲間の意見を意欲的に吸収／音楽の楽しさを満喫

【1年】歌唱曲「魔王」の**鑑賞**を通じ、曲の構造やテーマに対して深い理解を示し、授業中に自分の意見を積極的に発表する姿が見られました。今後もその意欲を持ち続けてください。

【1年】歌唱曲「魔王」の**鑑賞**ではグループ活動で仲間と協力しながら理解を深め、他の生徒との意見交流を通じて学びを広げ、音楽の魅力を存分に味わおうとする姿勢が見られました。

【1年】**歌唱**曲「浜辺の歌」の授業では、曲の構造や歌詞の意味を深く考察し、その考えを仲間との意見交流で積極的に伝えることができました。今後のさらなる成長が期待できます。

【1年】**歌唱**曲「浜辺の歌」の授業を通じ、歌詞に描かれた情景や感情をしっかりと把握し、仲間との活発な意見交流で得た新たな視点を取り入れ、表現力豊かに歌唱する姿が印象的でした。

【2年】「夢の世界を」の**歌唱**授業では曲の構成や曲想をしっかりと感じ取り、自らの歌唱表現に工夫を凝らす姿が見られました。他の生徒とも積極的に意見交流を行い、学びを深めていました。

【2年】「夢の世界を」の**歌唱**授業では曲の理解を深めるために自ら調べ、授業中に質問するなどの姿が見られました。友達と意見を交わすことで、考えを深めようとする姿も見られました。

【2年】ベートーヴェン作曲の「交響曲第5番」を扱った授業では、オーケストラの表現を興味深く**鑑賞**し、曲のテーマや演奏技法を主体的に考え、生き生きと意見を発表する姿が印象的でした。

【2年】ベートーヴェン作曲の「交響曲第5番」の**鑑賞**では、オーケストラの**演奏**を通じて曲の表現に対する自分の意見をしっかりと述べ、周囲から新たな視点を得ようとする姿も見られました。

【3年】**歌唱曲**「花」の歌唱授業を通じて日本歌曲の魅力を理解し、主体的に歌唱していました。他者の意見を取り入れながら自分の考えを積極的に発表したり、歌ったりすることもできました。

【3年】**鑑賞曲**「ブルタバ（モルダウ）」の背景や特徴を深く考察し、**グループディスカッション**では他の生徒たちとの意見交流に意欲的に取り組む姿が見られました。

【3年】**鑑賞曲**「ブルタバ（モルダウ）」のテーマや背景を深く掘り下げながら、仲間と意見交流を行いました。仲間から新たな視点を得ることで、さらに学び深めようとする姿が見られました。

【1年】歌唱曲「魔王」の**鑑賞**では他者との意見交換を躊躇していましたが、曲のテーマや構造に興味を示している姿は随所で見られました。もう少し積極的に意見を発表することから始めましょう。

【2年】「夢の世界を」の**歌唱授業**で曲の構成や曲想を理解しようとする姿勢は見られます。授業中の質問や意見交流にもう少し積極的に関わることができれば理解を深めやすくなるでしょう。

【3年】**鑑賞曲**「ブルタバ（モルダウ）」の授業では自分の意見に自信を持てない様子もありましたが、積極性は少しずつ身に付いてきているので、今後は音楽の楽しさをさらに深めていきましょう。

⑥ 美術 に関わる所見文

◆ 「知識・技能」に関わる文例

 **特性キーワード** 光がもたらす効果を理解／焼き物の加工法を習得／材料の特性を理解して加工／鑑賞を通じて作風を理解／ペンの特性を生かして表現

【1年】お気に入りの木を見つけ、その木の形や色彩、葉っぱからこぼれる光が感情にもたらす効果を理解し、造形的な特徴などをもとにイメージを自分なりの形で捉えることができました。

【1年】シンボルマークの制作において、どのような形や色彩で表現すれば相手に伝わりやすいのかを考え、色紙の特徴を生かしながら制作の手順を見通し、工夫して表現することができました。

【1年】屏風絵の鑑賞では、構図や余白の使い方、屏風の折りによって生じる見え方の違いなど屏風ならではの特徴に気付くことができました。屏風絵の独特な美しさや魅力を深く味わっていました。

【1年】陶芸の授業では、焼き物の加工方法を習得し、自分が表現したいイメージを思い描きながら制作の順序を工夫し、自分なりの作品を仕上げることができました。

【2年】立体塑像による人物の制作では、粘土や粘土べらの特性を生かしつつ自分が表現したいイメージに合わせて表現方法を追求し、創造的に表現することができました。

【2年】木版画の表現方法を試すことで、構図や色彩が感情にもたらす効果を考え、線、彫りや摺りの特徴をもとに、浮世絵の作風や作品の印象などで捉えることを理解できました。

【2年】ピクトグラムの制作において、形や色彩の効果や施設や場所を具体的に表す特徴をもとに、相手に伝わりやすいイメージの表現方法を追求し、完成させることができました。

【2年】「太陽の塔」を鑑賞しながら、岡本太郎の作品が持つ形や色、場所や大きさが感情にどのような影響を与えるかを考え、その特徴から全体のイメージや作風を理解することができました。

【3年】自画像の制作において、表情やポーズがどのような印象を与えるのかに着目し、色彩や背景も意識して、自分の内面を全体的なイメージで捉えることができました。

【3年】ルネサンスが目指したものについての鑑賞で、ルネサンスの表現方法の特徴を写実的な人物の体形や表情、色彩などから見いだし、全体的なイメージで捉えることができました。

【3年】ペットボトルのデザインを考える活動で、透明な容器という材料の特性を生かし、表したいテーマに沿うように表現方法を工夫して、見通しを持って表現できました。

【3年】漫画の魅力について考える授業で、強調や効果線など漫画独自の表現方法が与える効果について考え、ペンの特性を生かして創意工夫しながら表現しました。

【1年】シンボルマークの制作で、自分なりに試行錯誤をして取り組みましたが、形や色彩の選択が伝わりにくい部分がありました。色紙の特性を生かすよう意識すれば、より良い作品になるでしょう。

【2年】「太陽の塔」を鑑賞する際、形や色、場所の持つ感情への影響を深く考察する余地がありました。次回は作品の特徴をより意識して鑑賞し、全体のイメージを掴むよう努めるとよいでしょう。

> 【3年】ルネサンスの**鑑賞**において、表現方法の特徴を見いだす点で少し浅い部分がありました。次回は写実的な体形や色彩に注目し、全体のイメージをより深く理解することを目指しましょう。

◆「思考・判断・表現」に関わる文例

特性キーワード 心豊かに構想／美しさを引き出すために工夫／創意工夫を重ねて構想／アイデアスケッチで表現／鑑賞で友達と意見交換

> 【1年】お気に入りの木をじっくりと観察し、感じ取ったことや形と色彩の特徴、美しさをもとに表現したいテーマを決め、主役の木や背景などの関係を考え、心豊かに構想を練ることができました。

> 【1年】企業の**シンボルマーク**に込められた美しさや工夫、さらにはその効果的な要素をじっくりと感じ取ることができました。それを踏まえて、自分のシンボルマークを工夫して考えました。

> 【1年】身近な地域にある屏風絵を**鑑賞**し、その美しさや魅力を感じ取りながら、作者の意図や工夫に思いを巡らせることで、美術文化についてまとめることができました。

> 【1年】**陶芸**作品の良さや使いやすさとの調和を考え、その美しさを引き出すために工夫を凝らしながらどのような形にすべきかを深く考え、構想を練ることができました。

> 【2年】動く人を見つめて感じ取った形の特徴や美しさを捉え、それを躍動的に表現するために創意工夫を重ねて構想を練り、自分の見方や感じ方を深めることができました。

> 【2年】浮世絵の良さや美しさを感じながら、版画としての特徴や作り手の工夫について考え、美術文化を受け継ぎ、新しいものを生み出すことの大切さを学びました。

【2年】伝えたい内容やイメージの調和の取れた美しさなどを感じ取り、**ピクトグラム**の造形的な工夫点や生活の中でどのように生かされているのかを考えるなどして、見方や感じ方を深めました。

【2年】岡本太郎の作風の造形的な良さや美しさ、面白さを感じ取り、作者の思いや創造的な工夫点について考え、それを友達を話し合うことで見方や感じ方を深めました。

【3年】自己を深く見つめ、感じ取ったことから「夢に向かう希望」というテーマを見いだし、どのような形や色彩で表現できたのかを、たくさん**アイデアスケッチ**で表現することができました。

【3年】ルネサンスのよさや美しさを感じ取り、表現の意図について作品を見て感じたり、感じたことを友達と意見交流したりすることで、見方や感じ方を深めることができました。

【3年】ペットボトルの**デザイン**を考える授業で、「さわやか」「冷たい」というキーワードをどのような形と色彩で伝えられるのかを考えるために、たくさん**アイデアスケッチ**を描きました。

【3年】自分が興味のある**漫画**の魅力は何なのかを探るために、表現の方法に着目し、作者の表現意図や工夫点について考えるなどして、見方や考え方を深めました。

【1年】企業の**シンボルマーク**に込められた工夫や効果的な要素を感じ取る部分で、もう少し深める余地がありました。次回はそれらをより意識し、自らの作品に反映させてみるとよいでしょう。

【2年】浮世絵の良さや版画の特徴を考える際に、もう少し深く捉えることができたかもしれません。作り手の工夫や文化の継承に意識を向けて**鑑賞**し、新しい視点を持てるとよいでしょう。

【3年】ルネサンスの美しさを感じる際、表現の意図についてもう少し深く考えられたかもしれません。次回は友達との意見交流を通じ、見方や感じ方を深められるよう意識してみるとよいでしょう。

◆「主体的に学習に取り組む態度」に関わる文例

 **特性キーワード** 楽しそうに創作／楽しみながら鑑賞／粘り強く制作／主体的に自画像制作／表現方法を工夫しながら創作／考えたことを表現に反映

【1年】楽しく取り組みながらお気に入りの木から感じ取った感情やイメージを表現し、その過程で粘り強く創作活動を続けるなど、作品を完成させる喜びを存分に味わうことができました。

【1年】シンボルマークのデザインを考える課題では、対象を自主的に調べるなどして作品を完成させ、時間をかけて納得したものを作り上げることの喜びを存分に味わうことができました。

【1年】楽しく屏風絵の鑑賞に取り組みながら、屏風絵の良さや美しさとは何かを考え、その過程で粘り強く鑑賞活動を続け、見方や感じ方を広げることができました。

【1年】楽しく取り組みながら使いやすさや見た目の美しさについて考え、その過程で粘り強く創作活動を続けることを通じ、作品づくりに対する喜びを存分に感じることができました。

【2年】美術の楽しさをじっくりと味わいながら、主体的に人の動きから感じ取った美しさや躍動感、緊張感をもとに、粘り強く作品の制作に取り組むことができました。

【2年】美術の楽しさを味わいながら、主体的に浮世絵の表現のよさや美しさを感じ取り、版画としての特性、制作者の意図と創造的な工夫などについて考える鑑賞に積極的に取り組みました。

【2年】美術という教科の醍醐味を感じながら、主体的に**ピクトグラ**ムの表現の良さや美しさを感じ取りながら、**デザイン**の特性などについて考え、表現活動に取り組みました。

【2年】岡本太郎の作品の良さ、美しさ、面白さを主体的に感じ取り、制作の意図や創造的な工夫などについて考えながら、**鑑賞**の活動に積極的に取り組む姿が見られました。

【3年】主体的に**自画像**の制作に取り組み、自分の内面と向き合ったり、友達と話し合いをしたりするなど、感じたり考えたりしたことをもとにした表現活動に意欲的でした。

【3年】ルネサンス時代の作品の良さ、美しさ、面白さをじっくりと**鑑賞**しながら感じ取り、制作の意図と創造的な工夫などについて考えるなど、鑑賞活動に意欲的に取り組みました。

【3年】どのようなペットボトルのパッケージ**デザイン**にすれば伝えたいことが伝わるのか、使う人のことを考えながら、デザインの学習活動に積極的に取り組みました。

【1年】お気に入りの木から感じた感情やイメージを表現する際、もう少し深く考えられる部分がありました。完成に向けて粘り強く工夫を重ねられるよう、一緒に考えていきましょう。

【2年】人の動きの美しさや躍動感を表現する際、少し行き詰ってやる気を失っているようでした。表現の工夫などを通じ、美術の楽しさを感じられるように一緒に取り組んでいきましょう。

【3年】**自画像**制作では、表現方法に悩んでいる様子が見られました。その後、友達との話し合いを通じてヒントを得て、考えたことを意欲的に表現しようとする姿勢が見られるようになりました。

◆ 「知識・技能」に関わる文例

 技能のポイントを理解／起伏ある表現で演技／ボールを正確に操作／安全を意識して競技／スポーツの社会的意義を理解／周囲とスムーズに連携

【1年】マット運動では、倒立前転を行う際の技能のポイントを理解し、スムーズに行うことができました。また、発表会の場で他の技と組み合わせて演技することもできていました。

【1年】水泳では水の特性を理解し、抵抗の少ない泳法で泳ぐことができました。また、クロールにおいてより推進力が得られるキックやストロークの仕方を身に付けることができました。

【1年】ダンス「創作ダンス」の単元では、スポーツをテーマにして一番表したい場面をスローモーションにしたり繰り返したりするなど、さまざまな方法で起伏ある表現にすることができました。

【1年】体つくり運動では、リズムに乗って心が弾むような運動を行うことを通して心が軽くなると感じ、心と体は互いに関係していることに気付き、運動することの意義を深めることができました。

【2年】球技のゴール型ではパスやシュートのポイントを理解し、正確にボール操作を行うことができました。また、チームで協力して得点するための作戦を理解し、実行することができました。

【2年】柔道では礼を重んじる武道の考え方を理解し、行動していました。また、受け身の意義を理解し、安全であるためのポイントをしっかりと押さえて行うことができていました。

【2年】**剣道**の単元において、応じ技において相手の隙を見つけることが重要だと考え、引き技や抜き技の練習に取り組みました。駆け引きが上手なのでクラスの模範となりました。

【2年】**ダンス**「現代的なリズムのダンス」では、ロックの弾みやヒップホップの縦のりの動きの特徴を捉えて、全身で自由に弾みながら楽しく踊ることができました。

【3年】現代的なリズムの**ダンス**では、他のダンスの特性や表現の仕方との違いを理解し、リズムの特徴を捉えたり、リズムに乗って全身で踊ったりすることができました。

【3年】**体育理論**では、スポーツは健やかな心身を育むだけでなく、豊かな交流や自己開発など文化的にも意義があることを理解し、オリンピックやパラリンピックの意義について考えていました。

【3年】**球技**のネット型「バドミントン」の単元では、ラリーの中で味方の動きに合わせてコート上の空いている場所をカバーするなど連携した動きををすることができました。

【3年】**陸上競技**「**長距離走**」では、呼吸を楽にしたり、走りのリズムをつくったりする呼吸法を取り入れながら、自分に合ったペースを維持して走り、自己ベストを更新することができました。

【1年】**マット運動**に苦手意識がありながらも、資料等から技能のポイントを見つけたり、上手な友達からアドバイスをもらったりするなどして、前向きに取り組む姿が見られました。

【2年】**バスケットボール**では、ボール操作に苦手意識がありましたが、空いた空間に走り込んだり、相手を引きつけたりするなどして、ボールを持っていないときの動きでチームに貢献しました。

【3年】現代的なリズムの**ダンス**ではリズムを捉えることに課題を感じつつも、手拍子でリズムを捉える練習をしたり、精一杯全身で表現したりするなど、自分にできることを見つけて励みました。

◆ 「思考・判断・表現」に関わる文例

改善すべき点を発見・改善／動画を観ながら表現を工夫／工夫しながら練習／仲間と協力しながら実技／仲間の長所を踏まえた戦術を立案

【1年】けがをしないように、活動場所の状況や用具の状態などにも気を配りながら活動していました。また、自分の体調に合わせて活動の仕方を考えて、実践していました。

【1年】**剣道**では有効打突となる基本打突を身に付けるために、動画や教師の助言をもとに練習法を工夫しました。身に付けた知識や技能を生かしながら、仲間の所作を称賛する姿も見られました。

【1年】**ダンス**「創作ダンス」の単元では、グループの表現が単調だという課題を見つけ、その解決に向けて何度も動画を撮り、より良い表現になるように工夫していました。

【1年】**体つくり運動**では、同じクラスでも体力の程度には違いがあることを踏まえつつ、仲間と共に楽しめる運動を見つけ、それを仲間に伝えることができました。

【2年】**鉄棒**運動では、より美しく技を繰り出すためのポイントを見つけ、習得するために工夫して練習を行いました。特に補助の仕方や場の設定などは、工夫して練習に励みました。

【2年】用具の準備や片づけを率先して行うなど、クラスで分担した役割を確実に果たしました。また、友達の動きを分析してアドバイスするなど、周囲に対する学習支援もしていました。

【2年】**剣道**の単元では、自分の課題は残身にあると考え、グループの仲間と共に自分たちの試合をビデオに収め、何度も見ては練習をする姿がとても印象的でした。

【2年】**ダンス**「現代的なリズムのダンス」では、性別や体力の程度の違いを超えて、仲間と共に楽しむための交流の方法を見つけ、それを仲間に伝えることができました。

【3年】**ソフトボール**では攻撃と守備それぞれについて、チームの現状を分析して解決策を考えました。特に守備では仲間の長所を踏まえた配置を考え、実践していました。

【3年】技能や体力、男女の違いにかかわらず、全員が楽しく活動できるような環境をつくりました。また、チームでの話し合いの際には、仲間の意見を尊重しながら自分の意見を述べていました。

【3年】**球技**のネット型「バドミントン」の単元では、ペアで前衛と後衛の課題を発見し、それぞれの課題に合わせた練習方法を工夫しながら取り組むことができました。

【3年】陸上競技「長距離走」では、自分に合ったペースで自己ベストを更新するためには呼吸法が大事だという課題を見つけ、さまざまな呼吸法を取り入れながら練習に取り組んでいました。

【1年】**長距離走**では、タイムを縮めるための課題が見つけられなかったため、周囲の仲間のいろいろな走りを見たり、一緒に走ったりしながら自分の課題発見に努め、記録の向上を目指しました。

【2年】**鉄棒**運動で課題は認識していましたが、その解決方法が見当たらず、教師や仲間に助言を求めながら練習に励みました。その成果もあり、できなかった技ができるようになりました。

【3年】ソフトボールではチームメイトに伝えることに課題はあるものの、自分やチームの課題を冷静に分析し、その解決方法も具体的に考えることができていました。

◆ 「主体的に学習に取り組む態度」に関わる文例

特性キーワード 体調を考慮して活動／技に粘り強く挑戦／積極的に演技／ルールやマナーを守って競技／周囲にアドバイス／チームに提案

【1年】**長距離走**ではペアの走り方やペース配分から課題を見つけ、わかりやすく改善点を伝えていました。また、その内容を自分の課題解決にも生かしていました。

【1年】自分の技能や体力を高めるために、できない技に粘り強く挑戦したり、うまくいかない原因や自分の欠点を分析したりするなど、体育の学習にすすんで取り組みました。

【1年】**ダンス**「創作ダンス」の単元では、「日常の動作」を即興的に表現したクラスメイトを賞賛し、自らもダイナミックな即興表現をするなど積極的に取り組むことができました。

【1年】**体つくり運動**では、動きを持続する能力を高めるために、その方法などについての話し合いに前向きに参加するなど、学習に積極的に取り組もうとする姿がありました。

【2年】活動を行う上でのルールやマナーをしっかりと守り、相手を尊重して取り組みました。また、勝敗にかかわらず相手の良いところを素直に認め、常にフェアなプレーを心がけていました。

【2年】創作**ダンス**ではイメージしたことを強調して表現することに課題を感じて、多くの仲間と交流しながら学習に取り組みました。その結果、課題を解決し、素晴らしい踊りを披露しました。

【2年】剣道の単元では、武道の伝統的な行動の仕方を守ることが大切だと理解し、自身の取り組みを振り返りながら、試合や授業の始まりや終わりの礼法を丁寧に実践する姿が見られました。

【2年】ダンス「現代的なリズムのダンス」では、交流会においてクラスメイトが披露するダンスをリズムに乗りながら称え、認めようとする姿がとても印象的でした。

【3年】水泳ではタイムを縮めるためにはどうすればよいかを考え、試行錯誤しながら練習に取り組みました。特にスタートでは仲間と協力し、浮き上がりの局面に注目して課題を発見していました。

【3年】球技のネット型「バドミントン」の単元では、ペアでの作戦などの話し合いに貢献し、課題を提案するなど、主体的に学習に取り組む姿がとても印象的でした。

【3年】陸上競技「長距離走」では、自分や仲間の技術的な課題を見つけ、その課題解決に有効な練習方法の選択について自己の考えを丁寧に伝える姿がありました。

【1年】ダンス「創作ダンス」の単元では、踊ることに恥ずかしさがありましたが、即興的に交流して自由なダンスの楽しさを感じることができたことで、前向きに参加できるようになりました。

【2年】剣道の単元では、打たれることに恐怖心がありましたが、グループの仲間が一緒に練習に取り組んでくれたことで、打つ・打たれる経験を重ねて剣道の楽しさを味わうことができました。

【3年】陸上競技「長距離走」では、記録を向上させることに意義を感じていましたが、課題解決に向けて練習する過程にも意義があると気付き、自己の記録と冷静に向き合えるようになりました。

◆「知識・技能」に関わる文例

素材の特性を理解／加工方法を適切に選択／高い技術力で製作／丁寧に素早く組み立て／ネットワークの仕組みを理解／プログラミング技能が高い

【1年】材料と加工の技術において素材の特性を理解し、加工方法を適切に選択して実践できる点が評価されます。設計から製作までの一貫したスキルの高さにはいつも驚かされます

【1年】3DCADの操作において、非常に高い技術力を発揮しています。設計の意図を的確に反映させ、複雑なモデルの作成や修正をスムーズに行うことができています。

【1年】生物育成の技術に関する十分な知識と技能が身に付いています。作物の管理や適切な手入れがすぐれており、育成に対する真摯な態度が成果に表れています。

【1年】生物育成に関する知識が豊富で、育成方法を適切に実践しています。生物の状態をよく観察し、必要な手入れを確実に行うことで、健やかな成長を促しています。

【2年】ロボコンにおける技能が卓越しており、ギヤボックスやリンク装置を丁寧に素早く組み上げる姿は他の生徒の模範となるところです。工具の使用において、右に出る者はいません。

【2年】エネルギー変換の技術において、電力事情に関する理解がすぐれています。異なる発電方法の特性を的確に把握し、長所と短所を述べる姿が他の生徒の学習意欲の向上につながっています。

【2年】コンピュータの仕組みについて専門的な知識を習得しています。ハードウェアとソフトウェアの関係を的確に把握しており、各部品の役割や動作原理を確実に理解しています。

【2年】情報の技術において、ネットワークの安全性を保つための技術を深く理解しています。ルータの役割やサーバの作用について、確かな知識を身に付けています。

【3年】プログラミング全般において技能が高く、扱う言語も多岐にわたっています。ビジュアルプログラミングはもちろん、テキストプログラミングも得意としています。

【3年】双方向性のあるコンテンツのプログラミングでは、ユーザとサーバ間のデータの流れを確実に理解しています。直感的で使いやすいUIやプログラムを作る能力は非常に高いものがあります。

【3年】計測・制御のプログラミングにおいて、センサーの計測値をもとに正確にアクチュエータを制御するプログラムを作ることができており、デバックの技能も高いものがあります。

【3年】計測・制御に関連する技能が非常にすぐれており、各種センサーの使いこなしや配置において確かな技能を発揮しています。機器の取付技能も高く、計測の精度が向上しています。

【1年】製作品の設計において、最初は3DCADの操作に抵抗を感じていましたが、徐々に使いこなせるようになってきました。設計図の出力や寸法の調整も、少しずつできるようになっています。

【2年】ロボコンにおいて、ギヤ比の計算やリンク機構の動きに抵抗を感じていましたが、試作やモデルの動きから少しずつ理解し、簡単なギヤボックスの製作ができるようになりました。

【3年】双方向性のあるコンテンツの**プログラミング**では、ユーザとサーバ間のデータの流れを捉えることに苦労しましたが、サンプルプログラムの動きを徐々に理解できるようになってきました。

◆「思考・判断・表現」に関わる文例

 材料をよく考えて選定／創造的に問題を解決／生物育成の判断力が高い／効果的なアイデアを提案／プログラムを工夫／効率の良い栽培方法を考案

【1年】製作品の設計において、目的に応じた材料の選定や加工方法を適切に選択することができます。設定した課題に対する独自の解決策を明確に表現することができます。

【1年】材料と加工の技術に関して、問題解決に向けた創造力が際立ちます。課題に対して工夫を凝らして表現する能力が高く、ユーザのニーズに応える製作品を構想しました。

【1年】**生物育成**の技術において、育成計画を立てる際の思考力と判断力がすぐれています。生物の成長に必要な条件を的確に整理し、適切な手入れや育成環境の調節方法を表現することができます。

【1年】**生物育成**の技術において、育成環境の調節方法を適切に選択し、より効率の良い栽培方法を考えることができています。自動かん水システムを構想するなどアイデアが豊富です。

【2年】**ロボコン**で課題を解決するための効果的な機構を考案し、チームのアイデアを明確に表現できています。創造的な問題解決が特に評価され、競技において素晴らしい成果を上げています。

【2年】エネルギー変換の技術では、エネルギーのベストミックスにおいて、異なる発電方法の特性を的確に把握し、効率的な組み合わせを提案する思考力にすぐれています。

【2年】情報のデジタル化では、データの精度とデータ量のトレードオフに対する思考力がすぐれています。目的に合わせて適切なファイル形式を選択し、データ量の圧縮について考えられています。

【2年】**情報セキュリティ**において、情報の適切な取り扱いやネットワークの安全性を的確に判断しています。パスワードの設定方法について、解読されにくい独自の方法を見いだしました。

【3年】双方向性のあるコンテンツの**プログラミング**において、ユーザの入力に対してサーバが適切に応答するシステムを設計する思考力がすぐれています。効果的な機能を選択し、実装しています。

【3年】双方向性のあるコンテンツの**プログラミング**において、ユーザが直感的に使用できる UI となるよう、画面に表示させる情報を適切に判断・選択し、配置することができます。

【3年】計測・制御の**プログラミング**において、センサの計測値をもとに適切なしきい値を設定し、目的の動作に応じたアクチュエータの制御プログラムを制作することができました。

【3年】計測・制御の**プログラミング**において、課題を解決するためにロボットのセンサの位置を調節したり、複数のセンサを競合させないようにプログラムを工夫したりすることができます。

【1年】**生物育成**の技術において、作物の栽培経験が少なく、育成計画の作成に抵抗を感じていましたが、栽培ごよみをもとに、適切な手入れや育成環境の調節方法を表現することができました。

【2年】情報を発信する際は、どのような書き込みを行っても削除すればよいと捉えていましたが、デジタルデータは完全に削除できないことを知り、適切に判断できるようになってきました。

【3年】計測・制御の**プログラミング**では目的の動作に応じたプログラムの制作に抵抗を感じていましたが、サンプルプログラムを参考にセンサのしきい値を判断できるようになってきました。

◆ 「主体的に学習に取り組む態度」に関わる文例

 素材の特性や加工に好奇心／意欲的に実習／粘り強く課題を解決／率先して管理作業を実施／自主的に調査／主体的にプログラミング

【1年】材料と加工の技術において、素材の特性や加工方法に対する好奇心を持ち、実習に意欲的に取り組む姿が印象的です。製作品に工夫を加え、アイデアを実現することができました。

【1年】製作品の設計で何度も構想を練り直し、粘り強く課題を解決する姿は他の生徒の模範となっています。3 DCAD のデータをAR 機能を利用して投影するうれしそうな姿が印象的です。

【1年】**生物育成**に対して主体的に取り組めています。育成方法について自主的に調べ、実践しています。観察や記録も丁寧にまとめられており、作物の成長を見守る姿が印象的です。

【1年】**生物育成**において、率先して管理作業を行い、育成の技術を向上させています。害虫の駆除や防除など、他の生徒が苦手とする作業も自らすすんで行う姿は他の生徒の模範となるところです。

【2年】エネルギー変換の技術について自主的に調査し、効率的なエネルギー利用を考える姿勢が見られます。積極的に学びを深め、実践的な提案を行う態度が評価されています。

【2年】**ロボコン**において自らすすんで課題を設定し、解決策を構想する主体的な態度が際立っています。ロボットの点検や部品の交換を積極的に行い、粘り強く課題を解決しようとしています。

【2年】**情報モラル**について主体的に学び、適切な情報利用やセキュリティ対策を実践しようとしています。倫理的な判断と自らすすんでルールを守る姿勢が、他の生徒の良き模範となっています。

【2年】情報の技術に関する調べ学習では、生活や社会の中で情報のデジタル化により利便性の向上が図られている技術の仕組みやシステムに関する工夫を丁寧にまとめました。

【3年】双方向性のあるコンテンツの**プログラミング**において、主体的にプログラミングスキルを磨いています。著作権にも配慮するなど、知的財産を創造・保護・活用しようとしています。

【3年】計測・制御の**プログラミング**において、センサの計測値の精度をより良いものにするために取り付け角度を何度も調節する姿が印象的で、粘り強く課題を解決しようとしていました。

【3年】計測・制御の**プログラミング**において、ユーザのニーズに応えるシステムを追究する姿が印象的です。常にユーザを意識して問題解決に取り組む姿は、他の生徒の模範となるところです。

【1年】材料と加工の技術において、身の回りの製品に込められた技術の工夫を読み取ることに難色を示していましたが、専門店の訪問をきっかけに、製品に興味を抱くようになってきました。

【2年】エネルギー変換の技術について、ただ電気を使うことができればよいと考えていましたが、最近では再生可能エネルギーを利用した発電方法に興味・関心を持つようになってきました。

【3年】双方向性のあるコンテンツの**プログラミング**では、ユーザとサーバ間のデータの流れの理解に苦しむ場面も見られましたが、サンプルプログラムを実行することで、徐々に理解できています。

◆「知識・技能」に関わる文例

特性キーワード 1日に必要な食事を理解／管理しやすいように収納ケースを整理／安全で丈夫な物を製作／製作物に適した縫い方／読み聞かせのコツを理解

【1年】「夏休みの1日の献立を考えよう」では、1日の献立をタブレット端末を使って記録し、中学生の自分に不足している栄養素に気付き、献立に海藻サラダを追加することができました。

【1年】中学生に必要な食品の種類と概量について自分に必要な1日の食事を考え、中学生に必要な1日の食品群別摂取量の目安と実際の野菜の重量を計る経験をもとに、理解することができました。

【1年】「旬を味わうための**調理**」では、夏を味わうためにきゅうりを選択し、きゅうりの食感を生かすための切り方を考え、調理の際には手際良くきゅうりを切ることができました。

【1年】しょうが焼きの**調理**では、やわらかくうまみを閉じ込めたしょうが焼きを作るために、加熱による肉の収縮を防ぎ、肉の筋切りや火加減の調整を行うことができました。

【2年】計画的な**衣服**の購入や管理を行うために家庭で衣装ケースの整理・点検を行い、点検で発見した着ていない衣服は収納場所を変更するなど、管理しやすいように収納ケースを整理しました。

【2年】「使用していないタオルを生かした作品の製作」では、製作物に適した縫い方を選択し、製作時間を考慮した製作計画を立案することで、安全で丈夫な枕カバーを製作することができました。

【2年】高齢者との関わりでは、高齢者の身体的特徴に配慮した座布団カバーを作るために、材料選びや丈夫さを考慮した縫い方を選択して製作することができました。

【2年】「自分の服を**洗濯**しよう」では、**部活動**のユニフォームを洗濯するために、適する洗剤を品質表示を確認して選び、部分洗いの必要がある部位ついては**手洗い**を行うことができました。

【3年】「幼児とのふれあい学習」では、外遊びをしている年齢の異なる幼児とのふれあいを通して、幼児の身体的な発育や運動機能の発達について理解を深め、幼児に適した関わり方ができました。

【3年】幼児への**絵本**の読み聞かせの様子を視聴し、幼児の言語・認知・情緒・社会性の発達について年齢の異なる幼児に適した絵本の選択や表現方法について、理解を深めることができました。

【3年】幼児の発達段階や身体的特徴に配慮したおもちゃ製作を計画し、フェルトの大きなパズルを製作しました。完成品には、幼児のためにひらがなで書かれた使い方カードが添えられていました。

【3年】「幼児の基本的生活習慣の習得」では、幼児が基本的生活習慣を習得する意義を理解し、幼児のための**絵本**を選択する場面では、歯みがきの絵本を幼児の年齢を考慮して選べていました。

【1年】しょうが焼きの**調理**では、加熱時間と火加減の調整に戸惑いもありましたが、教師の助言を受けながら、やわらかくうまみを閉じ込めたしょうが焼きを作るために、試行錯誤を重ねました。

【2年】「自分の服を**洗濯**しよう」では、**部活動**のユニフォームを洗濯する際に用いる洗剤の選択に戸惑いがありましたが、家族が使用していた洗剤を思い出して洗濯をすることができました。

【3年】「幼児とのふれあい学習」では当初、どう振舞ってよいかわからずにいましたが、友達の行動を参考にしながら自分ができることを考え、行動することができました。

◆「思考・判断・表現」に関わる文例

特性キーワード 素材を生かして調理を計画／手入れ計画を工夫／耐久性を考慮した工夫／用途を考慮して計画／読み聞かせの表現を工夫

【1年】「夏休みの1日の献立を考えよう」では自分の1日の献立をタブレット端末を使って記録し、中学生である自分に不足している栄養素や食習慣に対する具体的な課題を設定できました。

【1年】中学生に必要な食品の種類と概量について、実際の野菜の重量を計る経験から、どのような**調理**を行えば野菜を多く摂取できるのかを考え、工夫することができていました。

【1年】「旬を味わうための**調理**」では、夏を味わうために旬で安価であるきゅうりを選択しました。きゅうりの食感を生かすための切り方や夏に応じた調味を調理計画に生かすことができました。

【1年】しょうが焼きの**調理**では、やわらかくうまみを閉じ込めたしょうが焼きを作るための方法を家族に**インタビュー**したり班で情報交換したりするなどして、調理計画を検討できました。

【2年】「家庭での**衣服**調べ」では、自分の持っている衣服を整理することで、必要に応じた衣服の購入の仕方や衣服を長持ちさせる手入れの計画を考え、具体的な方法を工夫することができました。

【2年】「使用していないタオルを生かした作品の製作」では、製作する物に適した縫い方を考え、製作に必要な時間や道具を考慮した製作計画を友達と共に評価し合い、改善することができました。

【2年】地域の高齢者施設訪問では、高齢者が喜んでくれる座布団カバーを製作するための製作計画を立てました。計画には高齢者の身体的特徴に適した材料選びや耐久性を考えた工夫が見られました。

【2年】高齢者との関わりでは、高齢者の方が喜んでくれる座布団カバーとは何かを考え、高齢者の身体的特徴や材質、用途などを考慮した製作計画を立案することができました。

【3年】「幼児とのふれあい学習」では、外遊びをしている幼児とのふれあいを通して、幼児の身体的な発育や運動機能の発達から年齢に応じた具体的な遊び方を考案することができました。

【3年】幼児への**絵本**の読み聞かせの様子を視聴し、年齢の異なる幼児に適した絵本の表現方法にはどのようなものがあるか考え、読み聞かせの表現方法について工夫することができました。

【3年】「幼児のためのおもちゃを製作しよう」では、幼児が安全に楽しく遊べるおもちゃとはどのようなものかを考え、幼児の年齢や身体的特徴に応じた条件を検討することができました。

【3年】「幼児のためのおもちゃを製作しよう」では、幼児にとって安全で楽しいおもちゃの条件をもとに、おもちゃの素材や色、目的について、発達年齢に応じた工夫を考えられました。

【1年】しょうが焼きの**調理**では当初、手順がわからず困惑する姿も見られましたが、インターネットで作り方を調べてワークシートに丁寧に整理し、調理計画に入れることができました。

【2年】「自分の服を**洗濯**しよう」では、泥汚れの付いた**部活動**のユニフォームをどうすればよいかと悩む姿がありましたが、家族に聞いて方法をワークシートにまとめることができました。

【3年】「幼児とのふれあい学習」では当初、関わり方に悩む姿が見られましたが、幼児が喜びそうな遊び方をインターネットで調べ、ワークシートに整理することができました。

◆「主体的に学習に取り組む態度」に関わる文例

 自主的に野菜を調査／次の調理計画を検討／家族にインタビュー／自身の生活を振り返りながら製作／友達と読み聞かせを練習／友達の意見を傾聴

【1年】「夏休みの1日の献立を考えよう」では自分の1日の献立を自ら端末で記録し、中学生の自分に不足している栄養素や食習慣に対する具体的な課題を設定しようとしていました。

【1年】中学生に必要な食品の種類と概量を意欲的に調べ、実際の野菜の重量を計ることを思いつき、どのような**調理**を行えば野菜を多く摂取できるのかをまとていました。

【1年】「旬を味わうための**調理**」では、近くのスーパーマーケットに自ら足を運び、出回っている夏野菜を調べることができました。また、きゅうりの食感を生かすための切り方を考えていました。

【1年】**調理**実習で行ったしょうが焼きの調理過程をタブレット端末を使って記録していました。調理実習後に自分の作業内容や調理方法を振り返ることで、次の魚の調理計画に生かしていました。

【2年】「家庭での**衣服**調べ」では、自分の持っている衣服を整理し、必要に応じた衣服の購入の仕方や衣服を長持ちさせるにはどのような方法があるのか、家族に**インタビュー**を行っていました。

【2年】「使用していないタオルを生かした作品の製作」では、自分の生活を振り返ることで自分が必要としている製作物を決定し、タオル地の特徴を生かした製作計画を考えていました。

【2年】「災害に備える食生活」では、家庭での備蓄に適した食材を知るために、自ら家族への**インタビュー**を行い、乾麺の有用性に着目して調理方法を調べることができました。

【2年】**宿泊学習**で着るジャンパーの選択では、決定したジャンパーが活動内容や実施する季節や手入れのしやすさなどに合ったものであるか、その決定までの過程を見直し、再考できました。

【3年】「幼児とのふれあい学習」では、外遊びをしている年齢の異なる幼児とふれ合ったり、観察したりすることを通して、幼児の身体的特徴や運動機能の発達に応じた遊び方を考案しました。

【3年】幼児への**絵本**の読み聞かせの様子を視聴し、年齢の異なる幼児に適した絵本の選択や表現方法にはどのようなものが適しているのか考え、読み聞かせの練習を友達と行いました。

【3年】「幼児のためのおもちゃを製作しよう」では、幼児が安全に楽しく遊べる遊びについて、保育所訪問での経験を家族に報告して意見を求めるなど、自分の考えを深める姿が見られました。

【1年】**調理**実習で行ったしょうが焼きの調理では、友達の調理方法を参考にしながら協力して調理を行うことができました。また、試食した感想を調理計画に記入することができました。

【2年】「使用していないタオルを生かした作品の製作」では当初、どうすればよいかわからずにいましたが、インターネットで調べて製作物を決定し、製作計画を作成することができました。

【3年】「幼児のためのおもちゃを製作しよう」では、幼児が安全に遊ぶにはどうすればよいかで悩んでいましたが、友人の発言を参考にしながら自分の考えをまとめる姿が見られました。

◆「知識・技能」に関わる文例

新出単語を確実に暗記／丁寧にノートにまとめ／正しく発音／語彙が豊富／家庭学習で成績が向上／自信を持ってリテイリング

【1年】新出単語を**自主学習ノート**などを利用して確実に覚えました。発音や単語を熱心に練習する姿が印象的でした。単語テストにも意欲的に取り組み、高得点を記録しました。

【1年】丁寧にノートをとりつつ教員の話も一生懸命に聞き、内容をより多く、深く理解しようと努めました。わからないことを納得できるまで質問する学習態度は、他の模範となっていました。

【1年】教員の話を熱心に聞き、ノートを丁寧にまとめていました。意欲的に取り組んでおり、課題の処理や提出も確実でした。文法や単語力を確実に身に付けています。

【1年】授業中は、内容を確実に理解しようと教員の話に熱心に耳を傾け、ノートやワークシートも丁寧に書くことができていました。単語の**自主学習ノート**にも熱心に取り組んでいます。

【1年】「"All about Me" Poster」の学習では、自分が好きなことについて情報を整理し、既習事項を用いながらつながりのある文章を書くことができました。

【1年】「My Hero」の学習では、お互いの My Hero についてクイズを出し合う中で、その人の特徴や良さ、自分の気持ちなどを伝えることができました。

【1年】「My Favorite Event This Year」の学習では、小学生に中学校生活の楽しさを伝えるために、話すスピードやジェスチャーを意識して発表できました。

【2年】向上心を持って取り組み、間違った問題は何度も見直すなど努力を重ね、成績も向上しています。文法に関する復習のクイズでは、積極的に発表する姿が見られました。

【2年】授業では、発音や単語を熱心に学習していました。友達やALTとの英語でのやりとりの場面では、積極的に英語で話そうとする姿が見られました。英語力の向上にもつながっています。

【2年】今学期は単語を覚えることを中心に取り組みました。わからない単語は覚え方を工夫するなどして自力で覚えようとするなど、粘り強く課題に取り組むことができています。

【2年】知識・理解にすぐれ、学習内容を確実に自分のものにできています。学力をさらに高めるために家庭での学習量を増やす努力もしています。その結果、使える語彙の量が増えました。

【2年】ALTにおすすめの旅行プランを紹介する活動では、観光名所の特徴を調べ、スライドを上手に活用したことで魅力的な旅行プランを提案することができました。

【2年】「My Future Job」の学習では、AIの活用について学び、これからの社会や働き方の変化について教科書本文を引用しながら自分の思いを書くことができました。

【2年】「Research Your Topic」の学習では、身近な話題についてクラスメイトにアンケートを実施し、その回答結果を比較表現を使いながら発表することができました。

【3年】ノートやワークシートを毎時間丁寧に書き、授業の時間を大切にしています。単語や文法事項を根気強く学習し、十分な基礎学力を身に付けることができました。

【3年】教師の話を真剣に聞き、**家庭学習**の**自主学習ノート**を工夫して作成するなどの姿が見られました。疑問点を解決するために積極的に質問をするなど、学習に対して意欲的です。

【3年】日々の授業のノートを丁寧にまとめたり、**家庭学習**でコツコツと努力を重ねたりして、成績を向上させています。語彙量も増やすために**自主学習ノート**を有効に活用しています。

【3年】知識・理解にすぐれ、疑問点があれば納得できるまで調べたり、質問したりすることができるので、学習内容が着実に身に付いています。単語や文法の幅も広がってきました。

【3年】「Sports for Everyone」の学習では、スポーツ選手の生い立ちやエピソードについて写真や図を使いながら、ALT にその人の魅力を伝えることができました。

【3年】「Animals on the Red List」の学習では、絶滅危惧種についてインターネットで調べ、グループでその情報を整理し、自分たちにできることを発表しました。

【3年】「A Legacy for Peace」の学習では、ガンディーの功績に関する文章を読んで時系列を整理し、メモを見ながら自信を持ってリテリングをすることができました。

【1年】向上心を常に持ち、コツコツと努力しています。不得意だった単語の書き取りにも毎日地道に反復練習を重ね、現在では英語の学習に自信を持つまでになりました。

【1年】夏休みの思い出について発表する活動では、最初は聞き手を意識せずに原稿を読み上げるだけでしたが、練習を重ねるうちにアイコンタクトを意識して発表できるようになりました。

【1年】最初は教科書本文を場面や状況を意識せずに**音読**をしていましたが、登場人物になりきって音読することで、必要な間を取りながら音読することができました。

【2年】単語を覚えることに苦手意識があるものの、基礎・基本はしっかりできています。柔軟な思考ができるため、ノートに工夫点が多く見られ、英語力も少しずつ上がってきています。

【2年】単語や文法事項に苦手意識はあるものの、ノートに大事なことをメモするなど、自分で考えて工夫しながら学習を進められました。後でわかりやすいようにノートの整理もできています。

【2年】「Food Travels around the World」の学習では、自分の好きなレストランを ALT に紹介する際に語順を意識したことで、相手に伝わる発表となりました。

【2年】日本と海外ののマナーの違い等を伝え合う活動を行いました。助動詞の使い分けが難しかった様子でしたが、何度も口頭練習をすることで慣れることができました。

【3年】単語等を覚えることに多少の抵抗感はあったものの、**家庭学習**に根気強く取り組み、成績の向上に努めています。今では向上心を持って授業や課題に取り組んでいます。

【3年】英語に対する苦手意識はあるものの、内容をよく理解しようと努めています。コツコツと家庭で復習を行い、文法問題を克服したように、粘り強く学習をすることができています。

【3年】「Haiku in English」の学習では、英語俳句の魅力について理解し、実際に英語で作成しました。短い英文の中でメッセージを伝えることの難しさを感じました。

【3年】「Be Prepared and Work Together」の学習では、災害に対する外国人の不安を理解し、標識が示す必要な行動を正しく伝えることに難しさを感じていました。

◆ 「思考・判断・表現」に関わる文例

特性キーワード 要点を捉えて学習／聞き手を意識して発表／幅広い英語表現／わかりやすく発表／相手の立場を踏まえてスピーチ／会話の内容を工夫

【1年】すぐれた読解力・思考力があるため授業内容の理解が早く、要点を押さえた学習ができています。英文の読みが的確で、長い文章でも正確に内容の要点を捉えることができています。

【1年】毎時間の授業を大切にし、教師の話を熱心に聞いています。まじめに授業や学習課題に取り組んでおり、自分の立場で意見を書く課題の処理や提出が確実にできました。

【1年】**家庭学習**の充実に力を入れ、成績の向上を図りました。計画的に家庭学習ができており、授業中に習った文法を用いて英語で自己表現する目標を自分で立てて努力しています。

【1年】要領良く短時間で集中して取り組み、確実に自己表現力を上げています。テーマに関する自分の意見を述べることができます。英文の読解力も高く、読むスピードも上がっています。

【1年】**自己紹介**をする活動では、マッピングを用いて話す内容を整理し、接続詞を活用することでつながりのある構成となり、聞き手を意識して発表をすることができました。

【1年】「Think Globally, Act Locally」の学習では、世界や地域の問題について自分の考えや意見を伝えるために、簡単な語句や文を用いて即興で伝えていました。

【1年】My Hero について友達や ALT に知ってもらうために、同じトピックについて何度もやりとりをする中で伝えるべき内容を工夫して話すことができました。

【2年】落ち着いて授業に取り組めており、ノートを丁寧に書くことができています。長文読解の授業で、難しい単語や文法があっても粘り強く課題に取り組むことができています。

【2年】高い理解力・思考力を持っており、安定した力を身に付けています。特に外国の文化に対する関心が高く、十分に自主的学習ができており、知識量が豊富です。

【2年】学習態度は落ち着いており、理解力や思考力もすぐれています。ALT に対して積極的にコミュニケーションをとろうとすることができており、英語表現の幅も広がっています。

【2年】理解力・思考力がすぐれているので安定した力を出せています。英語のテーマに関して英文を書く作文力があり、構成もしっかりとしています。ALT からも高い評価を得ました。

【2年】地域のおすすめのレストランを紹介する活動では、聞き手を引きつけるために質問を投げかけたり、おすすめの料理を画像とともに伝えたりすることで魅力的な発表となりました。

【2年】AI に関して自分の意見を述べる活動では、思考ツールを活用し、伝えるべきポイントを絞り、教科書本文をうまく取り入れることで説得力のある内容を即興で伝え合うことができました。

【2年】「Universal Design」の学習では、自分を含む多くの人が幸せに生活していくためのアイデアをグループで協力して出し合い、簡単な語句や文を使って発表できました。

【3年】授業を中心に学び、ノートを丁寧にまとめています。英語を得意とし、効果的に文章をつづっていくことができています。テーマに関する英作文でも、その力を発揮しています。

【3年】授業中、積極的に発言するので理解も深まりました。英語が好きでスピーチコンテスト出場に立候補したり、ALT と積極的に関わったりすることで、英語力も向上しています。

【3年】常に授業に真剣に取り組み、ノートを丁寧に書いています。英単語や文法事項について毎日毎日コツコツとまとめ、表現の幅が広がるよう努めることができました。

【3年】今学期は熱心に教師の話を聞き、理解しようと努めました。語彙や英語表現の幅を広げるためにコツコツと努力を重ねています。その結果が、豊かな英語表現につながっています。

【3年】「Be Prepared and Work Together」の学習では、日本の災害に不安を抱いている外国人に向けて、自分ができることを具体的に伝えることができました。

【3年】「A Legacy for Peace」の学習では、ガンディーの生き方で印象に残っていることについて、複数回やりとりをすることで論理的に伝えられるようになりました。

【3年】「Beyond Borders」の学習では、国際社会を生きる一人として、世界の諸問題に対して自分ができることをマッピングで整理し、お互いに伝え合うことができました。

【1年】英作文を書くことに抵抗はあるものの、授業には落ち着いて臨めており、ノートも丁寧かつ確実に書くことができました。作文力も徐々に上がってきています。

【1年】自分が行ってみたい場所やそこでしたいことを伝え合う活動では、相手が話した内容に関連した質問をすることが難しいと感じ、会話を続けるための工夫を学ぶきっかけとなりました。

【1年】日本の伝統的なお正月の過ごし方を紹介する活動では、ALTからの質問にうまく答えることができず、言いたいことを別の簡単な表現で言い換える練習をする必要があると学びました。

【2年】英語表現の理解が苦手なものの、授業を大切にし、教師の話に熱心に耳を傾けています。コツコツと努力ができており、だんだんと英語表現の幅も広がってきています。

【2年】AIに関して自分の意見を述べる活動では、伝えたい英文を機械翻訳を利用して作成しましたが、難しい単語が含まれていたため、やさしい表現に言い換える必要性を学びました。

【2年】世界遺産について紹介する活動では、受動態の仕組みを理解し、原稿を考えることができました。受動態を闇雲に使用するのではなく、状況に応じて使い分ける必要があると学びました。

【3年】英作文自体に苦手意識はあるものの、授業を中心として、教師の話を熱心に聞いています。ノートも丁寧にまとめられているなど、学習の基礎基本は十分に身に付いています。

【3年】広告やチラシの内容を読む活動では、以前は時間をかけて全文を読もうとしていましたが、必要な情報等だけを読み取るようにしたことで効率良く理解できるようになりました。

【3年】絶滅危惧種を紹介する活動では、最初は伝えるべきポイントを整理せずにやりとりをしていましたが、特徴などを項目ごとに分けたことで一貫性のある内容となりました。

◆「主体的に学習に取り組む態度」に関わる文例

特性キーワード 計画的に学習／積極的に発表／意欲的に質問／ジェスチャーを使って会話／ノートを丁寧に作成／コツコツと単語練習

【1年】基礎基本を身に付けるため一人教室に残り、問題を解くなどコツコツと努力する姿が見られました。家庭での計画的な学習を心がけ、学習時間も増加しています。

【1年】自分で目標を設定し、毎日計画的に学習に取り組むことができています。単語や基本文の練習を欠かさずに行うことができました。その結果、語彙量がどんどん増えています。

【1年】コツコツと努力を積み重ね、確実に学習内容を身に付けています。意欲的に授業に取り組めており、積極的に発表することもできています。文法事項も確実に定着しています。

【1年】積極的に授業に取り組み、自分の考えを意欲的に発表しています。毎日コツコツと家庭学習に励み、成績も向上しています。定期テストの成績も確実に上がってきています。

【1年】家族や身近な人についてお互いに紹介し合う活動では、会話を続けるために、わからないことを尋ねたり、答えたりすることで、意欲的に取り組んでいました。

【1年】「A Surprise Party」の学習では、現在の状況を伝えるために、今していることや気持ちをジェスチャーなどを使いながら伝え合おうとしていました。

【1 年】「This Year's Memories」の学習では、思い出に残っている**学校行事**について理由や気持ちを込めながらお互いに聞き合ったり、答えたりしようとしていました。

【2 年】基礎基本が身に付いており、安定した力を発揮できています。時間を大切にして**家庭学習**を進めることもできています。その結果、単語テストの成績も上がり、語彙量も増えています。

【2 年】**家庭学習**に粘り強く取り組めているので、成績も安定しています。常に高い目標を持ち、頑張ろうという意欲が感じられ、計画的に家庭学習を進めています。

【2 年】苦手な英語にもコツコツと取り組み、最後まで粘り強くやり遂げることができています。時間をかけて納得できるまで理解しようと粘り強く努力し、徐々に成績も向上しています。

【2 年】授業中に積極的に発言するなど、前向きに取り組んでいます。文字を丁寧に書き、ノートやワーク類はいつもきちんとまとめられています。**家庭学習**にも力を入れています。

【2 年】ALT にお勧めの旅行プランを紹介する活動では、ALT の興味・関心を把握した上で、観光名所の特徴を調べ、行ってみたいと思わせるような工夫をしていました。

【2 年】地域のお勧めのレストランを紹介する活動では、お互いに紹介文を読み、コメントや感想を伝えることができました。また、コメントを参考に内容をさらに良くしようとしました。

【2 年】クラスで人気のあるものなどについてアンケートを実施し、それらの結果をグラフ化したり、感想を入れたりすることで、聞き手を意識した発表にしようとしていました。

【3年】理解力があり、基礎基本も身に付いています。ALT に積極的に声を掛けたり、ノートの取り方を工夫したりすることができました。その結果、英語力も伸びています。

【3年】自分の考えを持ち、授業中に積極的に発言することで理解も深まりました。英単語をノートに丁寧に書いたり、その日に学習したことを復習したりと努力し、成績も着実に伸びています。

【3年】集中して授業に取り組み、復習にも自分で工夫しながら取り組めています。文法表現の応用の克服にも力を注ぎ、その成果がだんだんと出るようになってきました。

【3年】自ら目標を設定し、計画的に英単語の量や英語の表現の種類を増やすことに取り組んでいます。毎日欠かさず単語の練習を行い、定期**テスト**の成績は向上し続けています。

【3年】パラリンピックの選手の功績や彼らのスポーツに対する思いを知ったり、スポーツと科学技術の関係性を理解したりすることで、単元タイトルの意味を自分なりに解釈しようとしていました。

【3年】「My Activity Report」の学習では、後輩に向けて**部活動**や**委員会活動**で得た経験などを伝えるために、簡単な語句や表現を使って発表しようとしていました。

【3年】「Discover Japan」の学習では、ALT に日本の魅力を知ってもらうために写真やイラストを用い、自分の経験などを交えるなどしてわかりやすい発表にしようとしました。

【1年】基礎基本を身に付けようと家庭でコツコツと努力し、提出物なども期限を守って確実に出せました。文字を丁寧に書き、ノートやワーク類は各教科ともきちんとまとめられています。

【1年】**自己紹介**をお互いに発表する活動では、コミュニケーションを続けようとあいづちを打つことを心がけました。次回は追加の質問をできるように練習していきましょう。

【1年】「Foreign Artists in Japan」の学習では、聞き取るポイントをあらかじめ把握したことで、必要な情報を聞き取ったりその概要を捉えようとしたりしました。

【2年】1年生からの復習を計画的に実行し、苦手だった英語の克服に努めました。英語自体は今も苦手ですが、興味・関心はあるので、毎日ノートに英単語を書いてコツコツと学習しています。

【2年】「My Future Job」の学習では、AIと人間の未来について発表する際に自身の語彙が足りないことに気付き、その後の復習を通じて語彙の習得に努めました。

【2年】「Universal Design」の学習では、人々の幸せについて多様な視点から考えることを通じ、苦手意識のある英語の学習に意欲的に取り組むことができました。

【3年】苦手教科を克服するため、1年生の内容からやり直すなどの努力を積み重ねました。次第に学習量を増やしており、苦手意識のある英語の克服に向けて懸命に取り組んでいます。

【3年】「Be Prepared and Work Together」の学習では、自身の文法や語彙の不十分さを認識し、ジェスチャーを効果的に使いながら伝えようとしていました。

【3年】「Let's Have a Mini Debate」の学習では、グループの友達に助けられながら、主張とその理由を明確にしながらディベートに取り組もうとしていました。

「特別の教科 道徳」
「総合的な学習の時間」
「特別活動」
の所見で使える文例

この PART では、「特別の教科 道徳」「総合的な学習の時間」「特別活動」で使える文例を紹介します。

CONTENTS

1 「特別の教科 道徳」の文例

 **特性キーワード**

目標に向かって努力／感謝の気持ちを表現／友情の大切さを認識／決まりを守ることを意識／相手の意見を尊重／自然のありがたみに感謝／郷土に貢献する姿勢／家族や高齢者への敬愛／節度を守って行動

【1年】「サッカーの漫画を描きたい」の学習では「私はバレーボール部に入り、仲間と共に県大会出場を目指す」と記述し、目標に向かって意欲的に取り組む考えをまとめることができました。

【1年】「人のフリみて」の学習では、「私はいろいろなものに支えられている。誰に対しても心をこめて感謝の気持ちを伝えたい」と発言し、感謝の気持ちを表現することの大切さをまとめました。

【1年】「さかなのなみだ」の学習では、「いじめを見たら見て見ぬふりをせず、勇気を出して行動したい」と記述し、積極的に正しいと考えた言動をすることの大切さを表現することができました。

【1年】「近くにいた友」では、登場人物の気持ちに共感しながら、自分自身を見つめていました。そして、心から信頼できる友情を築いたり友達を大切にしたりする意欲を表現していました。

【1年】「ゆうへ―生きていてくれてありがとう―」の学習では、「生きていることは当たり前ではないので、命を大切にしたい」と発表し、生命の尊さについて自分の考えをまとめていました。

【1年】「ふれあい直売所」の学習では、自分自身の弱い心に気付きながらも、より良い社会を実現するためには一人一人がすすんで決まりを守ることが大切であることを意識できました。

【1年】「疾走、自転車ライダー」の学習では、自分たちの生活をもとに登場人物の気持ちを学級で話し合い、自分だけでなく他の人の安全や命を守るという視点で考えを広げることができました。

【1年】「いつわりのバイオリン」の学習では、フランクの生き方について話し合い、誰もが弱い心を持っていることに共感しながら、誇り高く生きていくために必要なことをまとめました。

【1年】「仏の銀蔵」という教材で、「自分なら借金を返済するか」という問いに対し、仲間と考えが異なっても相手の意見を否定しようとせず、仲間がなぜそう考えるのかを知ろうとしていました。

【1年】道徳の授業で、自分自身を見つめられるようになってきました。「捨てられた悲しみ」という教材では、自分が登場人物のように献身的に働けるか、自問自答する様子が見られました。

【1年】「親友」という教材で、健太は次の日から美咲とサッカーをするかという問いについて、自分とは意見の異なる仲間と熱心に話し、自分の意見を深めようとする姿が見られました。

【1年】「銀色のシャープ・ペンシル」という教材で、自分が主人公の立場ならどのように行動するかを考え、正直に話すかどうか悩む姿を実際に演じることができました。

【1年】「命の木」という教材で、屋久島にある杉の木の価値をさまざまな面から考えることができました。ワークシートの記述が、物事を多面的に捉えて語れることを物語っていました。

【1年】意見を求めた際、○○さんが本音で話をしたことで、授業が深まることがありました。「一番高い値段の絵」という教材では、友達のために嘘をつくことの葛藤を言葉にして表していました。

【1年】「撮れなかった一枚の写真」という教材で、写真を撮りたかった自分と撮らないでよかったと思っている自分の心情を上手に図に示し、整理することができました。

【1年】「自分の良さを伸ばすために必要なことは何か」という問いで、自分の考えを丁寧に表現していました。自分の良さの分析と今後の計画の記述から、じっくりと考えた様子がうかがえました。

【2年】「挨拶は言葉のスキンシップ」の学習では、**職場体験**学習で**あいさつの重要性**を学んだ登場人物に共感し、心と形が一つになった礼儀や作法の大切さを考えることができました。

【2年】「五月の風―カナ―」の学習では、「自分で考えて決めたことを周りに流されず実行したい」と記述し、自分の信念にしたがって行動することの大切さを深く考えることができました。

【2年】「よみがえれ、えりもの森」の学習では、人間が自然から多くの恵みを受けていることのありがたさに感謝し、自然を大切にする必要があることについて、自分の考えをまとめていました。

【2年】「戦争を取材する」の学習では、「世の中が平和になるために、私も自分ができることをしたい」と記述し、理想の実現を目指してより良く生きようとする意欲を持つことができました。

【2年】「ハイタッチがくれたもの」の学習では、いじめをなくすには狭い仲間意識を超えて互いに理解し合い、良い学校をつくることが大切だということに気付くことができました。

【2年】「樹齢七千年の杉」の学習では、「自然のすごさを感じました。身近な自然にもっと目を向けて大切にしたい」と記述し、自然の偉大さや自然を敬うことの大切さに気付くことができました。

【2年】「小さな工場の大きな仕事」の学習では、将来就きたい職業について話し合い、仕事の表面的な魅力ではなく、それぞれの仕事が社会の発展に貢献していることに気付くことができました。

【2年】「コトコの涙」の学習では、人にはさまざまな考え方があり、わかり合うためには自分の考えを伝えつつ、他者に学ぼうとする姿勢が大切であることに気付くことができました。

【2年】杉原千畝がビザを発行したことの是非について考える授業で、仲間の意見を聞いて、授業冒頭から自分の考えが変容していったことを言葉にすることができました。

【2年】食品ロスについて考える授業で、自分が学校給食の残飯を減らすためにできることを考えました。実際にそれまで残し気味だった牛乳を飲むようになるなど、生活にも変化が見られました。

【2年】「海と空〜樫野の人々〜」という教材で、樫野の人々の気持ちとトルコ政府の人々の気持ちをベン図を用いて考え、他者を救いたい気持ちが人々をつなぐことに気付きました。

【2年】性別の役割について考える授業では、女性の主人公が応援団長をすることについて隣の人と意見を交わしました。人の意見をメモしたり、共感したりするなど対話力が身に付いてきました。

【2年】「怒りの救助活動」という教材で、「自分が救助される側なら、借りた服を洗わずに返してしまうかもしれない」と考え、自分自身を振り返ることができました。

【2年】「五万回斬られた男・福本清三」という教材では、自分の個性とは何かを考え、「自分の良さを磨くために、一生懸命努力していきたい」と前向きな発言をしていました。

【2年】「1学期よりも前向きな記述ができることが増えた」と書いていることから、1年間の道徳の授業を通じて、自分自身の変化を客観的に捉えることができるようになりました。

【3年】「新しい夏のはじまり」の学習では「私もがんばったことを次につなげていきたい」と発表し、経験を生かして前向きに生きることの大切さに気付くことができました。

【3年】「ゴリラのまねをした彼女を好きになった」の学習では、小林さんについて話し合い、異性を尊重し、互いに高め合う関係を築くことの大切さについて考えをまとめることができました。

【3年】「『稲むらの火』余話」の学習では、濱口儀兵衛の生き方や地域の小中学生の取り組みについて話し合い、地域社会の一員として郷土に貢献することの大切さに気付くことができました。

【3年】「一冊のノート」の学習では、「僕」の気持ちに共感しながら家族や高齢者への敬愛を深め、家族の一員として役割を果たすことについて、自分の考えをまとめることができました。

【3年】「希望」の学習では、東日本大震災の被害や復興の様子について話し合い、命の重さについて考え、自他の命を尊重して一生懸命生きることの大切さについて考えを深めていました。

【3年】「世界を動かした美」の学習では、オードリー・ヘプバーンの考え方から人間としてより良く生きようとする心情や行動について考え、自分の生き方について考えを深めることができました。

【3年】「独りを慎む」の学習では、「私も自分をしっかりコントロールしたい」と記述し、充実した人生を送るためには望ましい生活習慣と節度を守ることの大切さに気付くことができました。

【3年】「言葉の向こうに」の学習では、ネットでのコミュニケーションについて話し合い、多様なものの見方や考え方があることを知り、互いの立場を尊重し合うことの大切さをまとめていました。

【3年】「父のひと言」という教材では、「大きな声で**あいさつ**をすると成績は上がるのか」という問いに対し、仲間の考えと比較しながら自分の考えを深めることができました。

【3年】「僕は友達を裏切ったのか」という教材で、主人公の行動の是非について自分だったらどうするのかを深く考え、本当の友達とは何かを考えることができました。

【3年】SNSの使い方を考える授業では、下級生に向けた啓発ポスターの作成を通じ、発信する前に自分の表現が正しいのかを見直すことの大切さに気付くことができました。

【3年】いじめについて考える授業では、主人公の語りを読みながら、被害者だけでなく加害者も傷を背負って生きていかなければならないという事実に気付くことができました。

【3年】「カーテンの向こう」という教材で、「より良く生きるとは？」という問いについて、仲間と意見を交わしました。その中で、他者を喜ばせることの大切さに気付くことができました。

【3年】「いのちの花プロジェクト」という教材では、殺処分された犬の骨を肥料にすることの是非について、仲間と意見を交わしながら多角的に考えることができました。

【3年】マザー・テレサの生き方を知り、人を愛するとはどういうことかについてグループで話をした際、自分とは異なる意見も受け入れながら自分の考えを深めることができました。

2 「総合的な学習の時間」の文例

◆ 「知識・技能」に関わる文例

特性キーワード　自身が住む街を調査／職業について調査／環境問題を探究／職場体験に参加／農園の労働問題を理解／戦争被害の甚大さを認識／自治体の予算計画について考察

自分たちの街の良さを探究する学習では、地元の観光名所を調べたり、実際に巡ったりすることで、今まで気付けなかった自分たちの街の特徴や良さを知ることができました。

どのような職業があるのかを調べる学習では、インターネットや文献を活用して、消防士という仕事のやりがいや苦労、勤務形態や年収などを多面的に調べ、理解することができました。

障害者理解学習では、学校内を車椅子で移動するとしたらどこで困難さを感じるかを調べ、どのような工夫をすると誰もが安心して生活できるようになるかを考えることができました。

平和学習では、太平洋戦争の時に自分たちの暮らす街にはどのような影響があったのかを調べ、鉄道の線路が供出されて人々の生活が苦しくなったことに気付きました。

環境問題を探究する学習では、街のごみ処理にかかる費用を調べ、レポートにまとめました。調べていく中で、ごみ袋一つを処分するにも、思っていたより多くの費用がかかることを知りました。

進路学習では、私立高校と公立高校の違いについて調べました。費用の差だけでなく、それぞれの高校の特色、全日制・定時制・通信制の違いについても知ることができました。

職場体験学習では、保育士の方から働く上でのやりがいや苦労を聞き、何のために働くのか、働くために自分がどのような力を付けるべきかを考えることができました。

地域の**防災学習**ではハザードマップを読み解き、自宅付近で災害が起こった際の危険箇所や避難場所までの避難経路を調べ、災害時の動き方について考えを深めることができました。

平和学習では、戦争に関する映画を見て気になった場面について班で調べ、戦時下で多くの人々がどのような思いで生活していたのかについて、理解を深めることができました。

国際理解教育では、身近なバナナをなぜ安く販売することができるのかを文献やインターネットで調べ、バナナ農園の労働環境の問題点を知ることができました。

人権学習では、在日コリアン問題がなぜ起こったのかを調べ、かつて朝鮮半島から強制的に日本に連れて来られ、厳しい差別を受けながら生活していた人たちがいることに気付くことができました。

平和学習では、原爆が投下された長崎市の被害状況を調べ、実際に**修学旅行**で長崎市内を巡ることで、当時多くの被害が出ことや現在も苦しむ人々がいることを知ることができました。

国際理解学習では、JICA 職員の方の話を聞き、青年海外協力隊の活動について調べてポスターにまとめる中で、多くの日本人が海外で社会貢献していることを知ることができました。

より良い街づくりを考える学習では、自分の街の特徴を考え、自治体の予算を調べながら自分の街で人々が暮らしやすくなるために、どのようにお金を使っていくべきかを考えることができました。

◆「思考・判断・表現」に関わる文例

 **特性キーワード** 町探究の発表ポスターを作成／グループで意見交換／戦後の世界情勢を発表／ごみ問題について発表／進学先について調査・まとめ／職場体験の成果を発表

自分たちの街の良さを探究する学習では、地域の方に**インタビュー**した記録や現地で集めた資料を使って、学級に向けたポスターを作成することができました。

進路学習において、Web デザイナーの仕事の内容や特徴をグループで発表し、他グループの発表についてわからないことがあれば細かく尋ねるなど、熱心に意見を交わす様子が見られました。

障害者理解学習では、自分たちの街で見られるユニバーサルデザインについて調べてポスターにまとめることで、学級の仲間にわかりやすく伝えることができました。

平和学習では、第二次世界大戦後の世界情勢を学級全体で発表することができました。日本が「戦後」と言っている間にも、世界では戦争が起こり続けていることに気付くことができました。

環境問題を探究する学習では、自宅のごみを減らす方法を調べ、班の仲間に発表しました。可燃物と不燃物など、分野ごとに分けて発表するなどの工夫が見られました。

進路学習では、高校のゲストティーチャーの話を熱心に書き取る様子が見られました。その高校に興味を持ったことから、その後は自分でその高校の特徴を調べ、ポスターにまとめました。

職場体験学習では、ケーキ屋で働いた際の気付きを学級に向けて発表しました。「お客様を喜ばせるために、お客様のいないところで努力する」という話に感銘を受けたことがよく伝わりました。

地域の**防災学習**では、東日本大震災の事例を調べ、地域でできる自助と共助の方法をポスターにまとめることができました。ポスターを見た仲間からわかりやすいと評判でした。

平和学習では、太平洋戦争を経験された方の語りを調べ、わかったことを学級で発表し、今の自分たちの生活は奇跡の上に成り立っているのだということを伝えました。

国際理解教育では、パーム油を生産する農家を守るために現在どのような取り組みをしているかを調べ、フェアトレードという考え方を学級に向けて説明しました。

平和学習では、**修学旅行**で原爆の爆心地を訪れたことも踏まえ、3年間探究してきたことをスライドにまとめ、学年の仲間に向けて発表し、平和への願いを訴えかけました。

国際理解学習では、青年海外協力隊を調べる中で現地の人に技術を提供するために派遣された人々が、現地の人々から生きる喜びを学んだという話が印象的だったと発表しました。

より良い街づくりを考える学習では、多くの人々が安心して暮らせる街にするために、ユニバーサルデザインを取り入れるべき場所についてスライドを作って発表しました。

人権学習では、現在も日本で続く在日外国人への差別がどのような場面で見られるかを調べ、解決するためにどのような取り組みがなされているのかポスターを使って学級の仲間に説明しました。

進路学習では、高校入試の面接の受け方を学びました。その後、実際に模擬面接を行い、入室方法や**言葉遣い**などに注意しながら、受け答えをすることができました。

◆ 「主体的に学習に取り組む態度」に関わる文例

 **特性キーワード** 主体的に調べて報告／ごみ問題に配慮した行動／班の中心になって活動／学びを日常生活に生かす／効果的な発表方法を考案／ボランティア活動に参加

自分たちの街の良さを探究する学習では、地域探訪をする中で自分の街の良さを再認識し、他にも観光名所がないかを主体的に調べて学級で報告するなど、意欲的な姿勢が見られました。

進路学習では、学級での仲間の発表を聞いて警察官という仕事に興味をもち、どのような進路を歩むと警察官になることができるのかを調べるなど、自分の将来に結び付けて考えることができました。

障害者理解学習では、目が見えない方から「点字ブロック上に自転車が置かれていると困る」という話を聞き、そのことに問題意識を持ち、率先して行動しようとしていました。

平和学習では、太平洋戦争を経験したさまざまな人たちの思いを知り、「一人一人が他人を思いやる心が平和につながる。自分は周りの人にやさしく接したい」と考え、行動に移そうとしていました。

環境問題を探究する学習では、スプレー缶が正しく処理されないことでごみ処理施設で働く人々が苦労していることを知り、自宅のごみの分別に気を配るようになりました。

進路学習では、高校のゲストティーチャーの話を聞き、その内容を他の仲間に伝えるために、班の中心となってポスター作成や発表原稿作成に関わりました。

職場体験学習では、スーパーでの体験学習を通して礼儀作法の大切さに気付き、学校でも先生や先輩に対して敬語を使うようになるなど、学びを日常生活に生かすことができました。

地域の**防災学習**では、自分の災害時の備えが十分なものであるかが気になり、家庭で話し合って防災グッズをそろえたり、避難経路を家族間で共有したりすることができました。

平和学習では、太平洋戦争に多くの人々が関わったことを知り、自分の先祖がどのように戦争の影響を受け、乗り越えていったのかを知りたいと考えるようになりました。

国際理解教育では、劣悪な環境で働く人々の上に自分たちの生活が成り立っていることを知り、「街の中でフェアトレード商品を探すようになった」と述べていました。

平和学習では、3年間の学びを通して「平和を守るために過去に何が起こったのかを知ろうとする姿勢が大切」というメッセージを伝えるために、効果的な発表方法を自ら考えました。

国際理解学習では、JICA職員の方の話を聞いて青年海外協力隊の活動について調べ、ポスターにまとめる中で、その活動と自分の将来を結び付けて考えることができました。

より良い街づくりを考える学習では、一人一人が他の人のために動こうとする姿勢が大切だと考え、自身も地域の**ボランティア活動**に参加するなど、日常生活に結び付けて考えることができました。

人権学習では、差別の背景に他者を理解しようとしない姿勢があると感じ、「違った価値観の人と出会ったときに、その人を知ろうとする姿勢をもちたい」と考え、行動しようとしていました。

進路学習では、高校入学後になりたい自分の姿を考えました。理想の自分になるためには、現在の生活習慣を見直す必要があると考え、それまでよりも早く**登校**して勉強するようになりました。

③ 「特別活動」の文例

◆ 「知識・技能」に関わる文例

特性キーワード 議論の大切さを理解／連絡事項を着実に伝達／より良い生活を送る意義を理解／建設的な提言／活動の振り返りを実施／目標の大切さを理解／仲間と協働

> 学級の中で「掃除にもっとしっかり取り組もう」と提案し、**学級会**で掃除を行うことの意義について具体的な提案を行うなど、より良い生活を送るための議論の大切さを理解しています。

> 仕事調べの学習において、さまざまな職業が自分たちの生活を支えていることをインターネットや大人への聞き取りからまとめ、わかりやすく相手に伝えることができました。

> **放送委員会**において、「**給食時間の放送を楽しいものにしたい**」と考え、学級でアンケートを取ったり、自分から図書室で毎日の話題を調べたりするなど、自主的に行動する力が身に付いています。

> 縦割り班で行う**体育祭**ではすすんで応援団に入り、上級生のアドバイスを受けながら学級の生徒一人一人に応じた声かけを行っていました。仲間をリードする力が身に付いています。

> **校外学習**では、**班長**として班長会の連絡を確実に伝えたり、当日の**班活動**で交通機関の時刻をしっかり見て行程通りに活動が進むように指示を出したりしていました。

> いじめは学級全体の問題であると捉え、「過ごしやすい学校生活を送るため」の話し合いを提案するなど、みんなでより良い生活を送る意義と方法を理解しています。

職場体験活動に向けて、身近な地域にはさまざまな事業所があり、人々や地域社会を支えていることを聞き取りや資料などを通じてわかりやすくまとめることができました。

生徒総会では、保健委員会の計画について役員の提案に対して建設的で具体的な修正案を発言し、採用されました。相手を尊重しながら合意につなげる力が身に付いています。

グラウンドの除草作業では、全校生徒の意欲を高めるために学級対抗方式ですることを整美委員として提案するとともに、活動の振り返りを詳細に行い、次年度につなぐことができました。

式典では、校歌をみんなで歌う意味を理解し、自ら大きな声で歌うとともに、式の後には仲間に「一緒に元気な声で校歌を歌って〇〇中学校の伝統にしよう」と呼びかけていました。

「学習方法を振り返ろう」の学習では、学級全体の家庭学習や携帯電話使用の時間を調べるとともに、プレゼンテーションソフトを使ってわかりやすく学級に説明することができました。

学級目標をつくる学級会では目標の大切さをよく理解し、学級でアンケートを実施したり、班長会で原案をつくるときにメンバー一人一人の意見に共感したりしながら話し合いを進めていました。

高校調べの学習において、全日制・定時制・通信制などさまざまな高校があることをインターネットやパンフレットなどからまとめ、わかりやすく相手に伝えることができました。

生徒会主催の朝のあいさつ運動や校舎のクリーン活動では、ボランティアの意義を理解して自分からすすんで参加し、上級生として全校生徒の手本になるように取り組んでいました。

修学旅行では仲間と宿泊する意味を理解し、宿泊するペンションの部屋長として、ペンションのオーナーの話をしっかり聞いて他の生徒に伝えるなど、仲間にやさしく接することができました。

◆「思考・判断・表現」に関わる文例

 円滑にコミュニケーション／課題の解決方法を提案／グループで話し合って工夫／学級の意見をまとめ／自身のアイデアを提案／プレゼン資料でわかりやすく発表

学級会では議長を担当し、グループ活動では友達の考えを巧みに引き出しながら意見を整理し、学級全員が納得できるような結論に全体をまとめることができました。

「お互いのよいところを伝え合おう」では、学級の仲間からの言葉で自分の良さに気付き、自分から仲間の良さをやさしい言葉で伝えるなど、居心地の良い学級をつくることに貢献しています。

中学校に進学して人間関係や新しい環境に不安の多いことを学級の様子から発見し、互いの思いを交流する時間を学級に提案したことで生徒間のコミュニケーションが円滑になりました。

給食委員として、生徒が余裕をもって**給食**を食べるためには配膳の時間を短くする必要があることに目を向け、委員会で解決方法を提案しました。その後、学級にわかりやすく説明しました。

文化祭の学年劇では照明担当に立候補し、監督役の生徒と共により臨場感のある劇にするための課題や工夫を話し合い、当日は感動的な劇を全校生徒の前で披露しました。

学級会ではより良い学級を目指して人間関係の課題を発見し、学級の一人一人が考えるべきことを提案して、班長会で解決方法の具体案を考えたり学級の意見をまとめたりしました。

中学生が本を読む量が少ないことを課題として捉え、**学級会**で図書館の活用を議題にすることを提案しました。図書委員や学級の掲示係と相談し、**読書**を呼びかけるポスターづくりも行いました。

除草作業の手伝いに学校へ来てくれた地域の方との交流から、地域でも除草作業が課題となっていることを知り、**ボランティア委員会**に呼びかけ、学区の清掃作業に参加しました。

生徒会役員選挙では立候補した生徒のサポート役になり、学校の課題の解決策を一緒に考えることができました。課題に真剣に向き合い、アイデアを出していく姿勢が周りから信頼されています。

2学期の**始業式**では学年リーダーと学年の課題を分析し、目標をわかりやすくまとめたものを全校生徒に向けて**プレゼンテーション**し、学年の向上心を高めました。

メールや SNS のトラブルについて、身近にありそうな出来事をもとに仲間と話し合い、多様な意見を踏まえて健康で安全な生活を送るために取るべき行動をわかりやすく発表しました。

自分らしい生き方の実現に向け、希望する進路実現のために現在の学習や生活についての課題を真剣に考え、自分なりにまとめて日常生活で努力することを学級で発表しました。

生徒会役員として生徒会長をサポートし、各委員会の課題を解決するために委員長と綿密にコミュニケーションを取りながら「生徒が主人公」となる学校づくりに貢献しています。

1年生から3年生までが集まり、学校の課題をさまざまな角度から話し合う場を企画しました。それをもとに「生徒が決める生徒の目標」を全校生徒にわかりやすく発表しました。

入学式で新入生を迎える言葉を述べる際、新入生や保護者に学校の様子をわかりやすく伝えるため、自分の言葉で文章をまとめて発表するなどして1年生の学校生活をサポートしました。

◆「主体的に学習に取り組む態度」に関わる文例

 ルールやマナーを遵守／学級に貢献する姿勢／学級全体に呼びかけ／防災訓練に自主的に参加／見通しを持って活動／仲間と真剣に話し合い

登下校の様子や交通安全教室の警察の方の話を踏まえ、交通安全について学級で話し合いました。それをきっかけに自ら交通ルールやマナーを守るようにしています。

給食を学級全員が楽しく食べられるようにするため、班長会でみんなの意見を聞いたりいろいろなアイデアを出したりして、明るい学級づくりに貢献しようとしていました。

保健委員として、朝の会で行う健康観察を明るく実施したり、学年の委員会の仲間と試行錯誤しながら「歯を大切にしよう」「早寝早起き」などのポスターを丁寧に作成したりするなどしました。

生活委員として学級で校則を守るよう呼びかけるため、上級生にアドバイスを求めてわかりやすく説明できました。過ごしやすい学校づくりに貢献しようとする姿勢が感じられます。

式典では姿勢を正しくして人の話を真剣に聞き、校歌を大きな声で歌うなど、同級生だけでなく全校生徒の手本となっています。学校の雰囲気を良くしようとする姿が随所で見られます。

学校で自然災害への対応を学ぶだけでなく、地域の防災訓練への積極的な参加や振り返りを通して防災への意識を高め、地域の一員としての自覚をもち、自分ができることを考えていました。

学期末の学級レクレーションの企画・運営の中心として、見通しを持って活動したり、誰に対しても分け隔てなく接したりして、みんなが楽しめる学級づくりをリードしようとしていました。

○○中学校の伝統になっている**福祉委員会**を中心とした高齢者施設との交流について、生徒にアンケートを取るなどして、より良い交流になるよう努力していました。

生徒会役員として参加した地域の人たちとの意見交流会をきっかけに、地域の課題に目を向けて、**生徒会**でできることを仲間と共に考え、地域に貢献しようとしていました。

職場体験でさまざまな大人の人に支えられたり感謝されたりしたことをきっかけに、自分の生き方を振り返り、将来社会の役に立てるよう勉強や**部活動**に力を入れるようになりました。

男女共同参画社会について本やインターネット、**インタビュー**などをもとにグループでまとめ、その内容を学級で発表し、他のグループの意見を聞きながら自分の生き方を考えようとしていました。

卒業生の話を聞く会を通して、自分や仲間の進路実現のための取り組みを仲間と真剣に話し合い、そのための計画を立案してわかりやすく発表するなど、より良い学校生活を送ろうとしています。

他の中学校の**生徒会**と交流する企画に参加し、積極的に話し合いに参加することで自分たちの生活を振り返り、新たな提案をするなど学校をより良くするために活動しようとしていました。

合唱コンクールでピアノ伴奏者に推薦され、快く引き受けました。その後、音楽担当の先生にアドバイスを求めに行ったり仲間に聞いてもらったりしながら、自身の向上に努める様子が見られました。

特別なニーズの
ある生徒の
所見で使える文例

このPARTでは、特別なニーズのある生徒の所見で使える文例を紹介します。

CONTENTS

1 学習面に課題のある生徒

新しい学校生活を前向きに過ごしていますが、学習に対しては難しさを感じているようです。小学校の振り返りをして、どこまでわかっているかを見つけられれば、その課題もクリアできると思います。

まじめな態度で学習に取り組んでいますが、内容が理解できずに終わることがあります。しかし、今の姿勢があれば、原因を見つけさえすれば克服が可能です。一緒に原因を探りたいと思います。

学習で思うような成果を上げられないことに、焦りを感じているようです。映像やイラストなどを使う勉強に取り組んでみましょう。わかりやすかった教材があれば教えてほしいと思います。

休み時間は明るい表情を見せてくれる○○さんですが、学習中はその姿が見られません。「基礎からの〜」などの言葉が付いた参考書や問題集を使うようにしていければと思います。

楽しい中学校生活を送りたいとの意欲を感じますが、学習内容がわからないことで、その意欲がしぼんでしまう場面にも出合いました。今後の学習の方法について、話し合いたいと思います。

毎日を前向きに過ごしていますが、学習がわからないことで自信をなくしているように見えます。落ち着いた環境で、いつからわからなくなったのかを振り返る機会を設けたいところです。

学習内容がわからないことが生活全体に影響を及ぼしています。宿題の中でわからないところに丸を付けておくなど、わからないところをはっきりさせることから始められればと思います。

2年生になって学習する量やスピードが増し、少し混乱をしているように見えます。学習について一度話し合いの場を持つなどして、共に改善策を探っていきたいと思っています。

　学習する量が大きく増え、ついていけないと感じているようです。投げやりにならずに、わかるところをしっかり復習して、定着させるよう一緒に取り組んでいきましょう。

　授業が難しいと懇談の時に話していました。2年生のうちにできることできないことを整理し、今後どのような学習をしていくのがよいかを一緒に考えていければと思います。

　自分に合った学習方法が見つからず、苦しむ姿がありました。映像や音声などさまざまな勉強の方法を試し、自分に合ったものを見つけられるよう共に取り組んでいきましょう。

　学習に対する無気力は、怠惰ではなく不安なのではないかと感じています。何から始めたらいいのかをはっきりさせて、もう一度学習への意欲を取り戻せるよう一緒に取り組んでいきましょう。

　学習への不安が増し、生活態度をはじめ学校生活全体に影響を及ぼしています。イラストや図を使って勉強するなど、わかると感じる勉強方法を見つけて、不安をなくしていければと思います。

　意欲的に**授業**を受け、懸命に学習に取り組む姿は尊敬に値しますが、それが成果につながらないことを私たちも悔しく思っています。共に話し合いながら、原因を冷静に判断していきましょう。

　学習する内容がわかったと実感できる場面が少なく、自信を失い気味のようです。自分に合った学習方法や方向を考え、今後の進路を選ぶための相談をこれからも続けてほしいと思います。

2 行動面に課題のある生徒

積極的に物事に取り組む意欲にあふれています。それが強すぎて周囲と衝突をすることがあるので、周りの人との関係を失わずに主張するための方法を学んでくれることを期待します。

前向きな気持ちが人一倍強いこともあり、うまくいかないと激高という形で現れることもあります。イライラしてきたときは、その場から離れるなど、○○さんに合った対応方法を共に探りましょう。

○○さんが持つ特性を周りの人にも理解してもらえると、もっと落ち着いて生活できると思います。それをどう伝えるかについて、共に話し合いながら解決していきましょう。

前向きな気持ちを持って新しい生活を過ごしています。ただ言葉という形で表現することは得意ではないようなので、文字やイラスト、動作などで表現する方法を共に探していきたいところです。

新しい生活に慣れていくことは、○○さんにとってとても大変なことだと思います。感情が極端に振れる前に、「休ませて」と言ってもいいということを忘れないでほしいと思っています。

新しい仲間と前向きに日々を過ごしていますが、その前向きさが人への過度の要求という形で出て、周囲と溝をつくることもありました。どう言えば伝わるかを意識して会話をする練習が大切です。

少人数の取り組みのでは生き生きとしていますが大人数になると消えてしまうので、○○さんのの特性に合った学習の方法を一緒に考えていけたらと思います。

新しい仲間の中には○○さんが持つ特性を理解していない人もおり、嫌な思いをしたこともあったと思います。その日々の中で感じたことを話し合う場をこれからも持っていきたいと思います。

うまく言葉にできないという特性を理解する生徒も、周囲にはたくさんいます。そのことを忘れず、安心して生活をしてほしいですし、嫌なことがあればできる方法で伝えてほしいと思っています。

１年生と比べてはるかにすることが増えたこともあり、日々もがいていると思います。それを感情の爆発や無気力という形ではなく伝えられる別の方法をこれからも一緒に考えていければと思います。

本校を卒業した後は、より広い人間関係の中で過ごすことになります。こんなときはどうすればいいかを考える練習をこれからも学校で積み上げてくれることを祈ります。

突発的な感情の爆発が今も見られますが、何が問題だったかを振り返れるようになったことは大きな成長です。そうした経験を積み重ね、感情をコントロールする方法を共に探っていきましょう。

○○さんが安心して生活できる進路を考える必要があります。少人数で学習できるところや通信制など、自分に合った進路について、今後も情報を共有しながら話し合っていきたいところです。

自分の考えをうまく説明できず、押し黙ってしまうことがありました。そんな時はそれ以上何かしようとせず、別の日に文章や絵でもいいので、自分のできる表現方法を見つけてほしいと思います。

進路のプレッシャーなのか感情が乱れ、激高したり無気力になったりしましたが、ここではあえて立ち向かってほしいと思います。きっとその経験は○○さんを大きく成長させることでしょう。

この1年間は、学校で元気な姿を見ることができませんでしたが、**家庭訪問**で出会った時は好きなものや生活の中で考えていることを生き生きと話してくれました。その姿が大好きです。

初めは**家庭訪問**をしても出てきてもらえないことが多かったですが、最近は顔を見せてくれるようになりました。確実に成長していることを自信に、これからも少しずつ進んでほしいと思います。

入学当初は学校で過ごせましたが、少し疲れたのかもしれません。ゆっくり休んでまた行ってみようかなと思ったら、恥ずかしがらずに話してほしいと思っています。

訪問した時の話から、何とかしたいという気持ちを感じます。時間限定での**登校**や別室登校など、学校の制度を利用してできることから始めてもよいので、共に考えていきましょう。

学習への意欲を感じます。塾やYoutubeなど学校に来られなくても学習の方法はたくさんあるので、まずはどの方法が自分に合っているかを一緒に探してみたいと思っています。

わずかな間でも**登校**してみる、同じような状態の人に会ってみるなど、いろいろな道を一緒に考えてみたいと考えています。失敗しても動こうとしたという自信につながると思います。

なぜ学校に行きにくくなったのかの原因はなかなか見つかりませんが、それ以外のこともいっぱい話をしながら、一緒にこれからの道を見つけていけたらと思っています。

1年生の時の元気いっぱいな姿を見ているので、今の状態を見ているのはつらいですが、成長の一過程として必要な時間だと思うので、慌てずに今後のことを一緒に考えていきたいと思います。

　学校に気持ちが向かないのなら、学校以外で勉強をする方法を探してみるのも手です。学校が持っている情報はこれからも提供します。ネット等で見た素敵な情報があれば伝えてほしいと思います。

　何度か学校に姿を見せてくれたのは大きな進歩でした。とにかく自分ができることから始めてみて、ゆっくりと行動範囲を広げていきましょう。これからもできそうなことを提案します。

　卒業は今までの生活をリセットするチャンスです。中学校での思い出はいったん置いて、これからの生活を一から積み上げることを意識して生活してほしいと思っています。

　話をする中で将来してみたいことや今の状況へのいら立ちを感じ、成長していることを実感しました。**登校**が少なかったことは人生の一部に過ぎないと思ってほしい。そう考えています。

　なかなか会うチャンスもないまま最終学年になってしまいました。残り少ない中学校生活の中で、してみたいことはないでしょうか。思いついたらいつでも相談してほしいと思っています。

　登校という形ではあまり関わりが持てませんでしたが、進路を共に考える中で、○○さんの考えを感じることができました。進路を実現し、その思いを形にできるよう支援します。

　卒業後は学校が全てではなかったことが実感できると思います。現状に腐らず、今をこれからの人生を組み立てるための時間にしてほしいと思います。必要な情報があれば、お知らせします。

4 外国にルーツのある生徒

思春期を迎え、今までにはない複雑な感情を持つことが増えています。日本語でも母国語でもかまいませんので、本を読むなどして感情を伝えられる言葉を習得できればと思います。

中学校に来て小学校では感じなかった違和感を覚えているようです。それは○○さんが成長している証拠であり、周りの人にとっても勉強のチャンスであると思います。

先生が言ったことや特別教室の場所がわからなくて困ったりすることがありました。わからないことは恥ずかしいことではないので、恥ずかしがらずに質問をしてほしいと思います。

成長の中で○○さんしか感じることができない悩みを持っているように見えます。家族や親戚、先輩の中から目標になる人を選んで、まずはその人の真似をすることをお勧めします。

喜怒哀楽をはっきりと表情に出し、生き生きとしています。今後悩むことも増えると思いますが、その素直さや元気さをなくさないために、悩んだら早めに学校や家族に相談をしてほしいと思います。

真面目な姿勢で生活や学習に取り組む姿は後輩の良き手本になっています。これからはもっと同じ環境にいる後輩に声をかけて、**リーダー**になってもらえればと思います。

日本の習慣と母国の習慣が異なる場面があり、混乱したり迷ったりすることがありました。でも二つの習慣を知ることは将来的に、必ず○○さんの武器や長所になるはずです。

成長するにつれて複雑な感情を持つようになっています。気持ちを表現するには、言葉の勉強が必要です。母国語でもかまわないので、多くの言葉を習得できるよう取り組んでいきましょう。

日本の生活スタイルが理解できずにいら立つ姿が見られましたが、それは多くの先輩も経験してきたことです。信頼できる年上の人に対処法を聞いて、解決方法を見つけることが大事です。

家族への深い愛情や初めて知ることへの素直な反応など、私たちが○○さんから学ぶ点は多くあります。○○さんも日本の生活から多くを学んで、互いに成長できる機会になればと思います。

日本人では気付かない悲しみや悔しさを感じているでしょうが、それを怒りや投げやりな態度に出してもわかってもらえません。そのことを理解できるよう共に取り組んでいきましょう。

真面目な生活態度で学習に取り組む姿勢は、外国にルーツのある全ての生徒のロールモデルになる素晴らしい資質です。今後も後輩たちによい影響を与えてくれることを期待します。

日本と本国の両方の文化が理解できることは○○さんにしかないアドバンテージです。その特徴が生きる進路へ歩めるように、一緒に取り組んでいきましょう。

成長する中で、日本と本国との文化の間で悩むことが増えていると思います。進路は多くの人に相談した上で、最後は自分で決めることが大切ですが、相談にはいつでも乗ります。

卒業後の進学先については、単なる学業成績だけでなく、将来的に日本に永住することも含めて考える必要があります。友人や家族とも相談するなどして、共に考えていきましょう。

索　引

生徒の「活動内容」「活動場面」「学習内容」から検索いただけます。

執筆者一覧

【編著】

木村　裕（花園大学教授）

　1981年生まれ。京都大学大学院教育学研究科博士後期課程研究指導認定退学。博士（教育学）。滋賀県立大学人間文化学部助教、准教授を経て、2022年度より花園大学文学部教授。主著に、『オーストラリアのグローバル教育の理論と実践——開発教育研究の継承と新たな展開』東信堂、2014年（単著）、『中学校 全教科・教科外で取り組む SDGs——ESD の実践づくりの要点とアイディア』学事出版、2022年（編著）など。

【PART 1　解説　執筆者】

　木村　　裕（花園大学教授）

　内田　亮太（東京都世田谷区立砧南中学校教諭）

【PART 2〜5　文例執筆者（50音順）】

　赤木　隆宏（香川大学教育学部附属高松中学校）

　井上　陽平（元滋賀県甲賀市立水口中学校）

　奥村　信夫（滋賀大学教育学部附属中学校）

　小澤　　聡（香川大学教育学部附属高松中学校）

　加藤紀美子（滋賀県東近江市立五個荘中学校）

　菅野　大樹（香川大学教育学部附属高松中学校）

　桒島　克浩（香川大学教育学部附属高松中学校）

　桑城　　光（香川大学教育学部附属高松中学校）

　小柳　昌弘（香川大学教育学部附属高松中学校）

　左海　　亮（香川大学教育学部附属高松中学校）

　芝野　明莉（香川大学教育学部附属高松中学校）

　田中　慶希（滋賀県東近江市立五個荘中学校）

　日野　康志（香川大学教育学部附属高松中学校）

　福田　勝顕（愛知県豊橋市立高豊中学校）

　益井　翔平（滋賀県大津市立打出中学校）

　和田　美紀（香川大学教育学部附属高松中学校）

※所属は2024年12月現在のものです。

生徒の個性を認めて伸ばす
中学校ポジティブ通知表所見文例集

2025年2月20日 第1刷発行

編　者　　木村　裕
発行人　　鈴木　宣昭
発行所　　学事出版株式会社
　　　　　〒101-0051　東京都千代田区神田神保町1-2-5
　　　　　電話　03-3518-9655
　　　　　HP アドレス https://www.gakuji.co.jp
制作協力　株式会社コンテクスト
印刷·製本　精文堂印刷株式会社
©Yutaka Kimura, 2025